자기다움 리더십

SELF-NESS

자기다움 리더십

왜 우리 자신이 최고의 동력이 되는가

박정열·박선웅 지음

흐름출판

LEADERSHIP

어떻게 구성원들이 **한마음**으로 즐겁게 일하며 조직의 목표를 **탁월하게** 달성해낼까? 리더십의 가장 근본적인 질문이다. 이 책의 저자들은 이에 대한 답이 '자기다움 리더십'에 있다고 말한다. 사람은 그저 당근과 채찍으로 움직이지 않는다. 원대한 목적을 향한 길에서 자신의 존재감과 영향력을 발휘하고 싶어 한다. 리더의 역할은 구성원의 자기다움을 찾아주고 여기에 조직의 목적과 정체성을 연결하는 것이다. 이 두 가지가 공명할 때 조직을 위한 일이 자신을 위한 일로서 일치되어, 조직원은 비로소 자발적으로 일에 몰입하게 된다.

리더십은 기법이 아닌 **사람과 일에 대한 철학**에 기반해야 하고, 저자들은 책에서 그 철학을 이야기한다. 어떤 리더십을 펼쳐야 할지 고민하는 모든 리더와 경영자에게 추천한다.

— 신수정(임팩트리더스아카데미 대표, 『일의 격』『거인의 리더십』 저자)

우리는 아름답게 피어난 꽃이나 풍성한 열매를 맺은 나무를 보면서
도 그 근원의 힘이 땅속에서 살아 숨 쉬는 건강한 뿌리에 있음을 잊
고 살아간다. 일도 마찬가지다. 개인이든 조직이든 튼튼하고 생명력
충일한 **뿌리**가 없으면 다 공염불이다.

　이 책의 저자들은 이 뿌리를 '자기다움'이라는 네 글자에 담았다.
자기다움이 살아 숨 쉬는 우리 자신이 바로 일과 삶의 진정한 뿌리이
며, 세상을 살아가는 가장 소중한 동력임을 명쾌하고 설득력 있게 제
시한다. 책은 이 뿌리의 가치를 인식하지 못하는 리더, 피상적 '인재
상'에 기반한 조직 역동 관리, 선한 영향력에 대한 신념이 결핍된 리
더십이 조직의 미래를 준비하는 데 얼마나 큰 방해물인지 따끔하게
지적한다. 그러면서 눈을 안으로 돌려 **자기다움에 대한 깊은 이해를
바탕으로 자신과 타인, 조직과 세상을 이해하고 생산적으로 연결하
는 새로운 습관을 내면화할 것을 제안**한다. 경영의 구루 피터 드러커
는 "경영이란 사람에 관한 것이며 공동의 목표를 위해 사람들을 통
합하는 것이다. 올바른 경영학은 인간을 보다 잘 이해하도록 통찰을
주는 것"이라고 말했다. 『자기다움 리더십』은 **경영의 본질로 돌아가
자는 이른바 르네상스의 외침**이다.

　　　　　　— 김견(현대자동차그룹 부사장, 현대자동차그룹 경영연구원장)

현대 경영에서 가장 중요한 키워드를 하나만 뽑으라고 한다면 나는 단연 '존중'을 선택할 것이다. 고객을 존중하고 고객의 문제를 해결해주겠다는 진정성이 없는 기업, 직원을 도구로 생각하는 기업은 거의 모든 정보가 투명하게 공개되는 시대에 생존을 보장받기 어렵다. 「동아비즈니스리뷰DBR」가 창간 15주년 기념호 스페셜 리포트로 '존중의 힘'을 다룬 것도 이런 이유였다. 인문학적 키워드인 존중을 경영학 관점에서 체계화해줄 전문가가 드문 상황에서 답을 준 이는 박정열 교수였다. '평균의 시대'가 종말을 고했으며 자기다움을 통한 집단지성 창출의 필요성을 역설한 그의 글은 '존중의 교과서'라 해도 될 만큼 깊은 울림을 줬다. 박선웅 교수도 '서사정체성'이라는 매력적인 개념으로 조직 관리의 새 지평을 여는 지식을 경영자들과 공유했다. 조직이 구성원 저마다의 서사를 수용하고 함께 이야기를 만들어갈 수 있다면, 모두가 성과를 넘어 본질적인 삶의 목적을 달성할 수 있을 것이다. 불변응만변不變應萬變이라는 말이 있다. 변화에 대한 가장 좋은 대응은 불변의 원칙을 갖는 것이다. 경영 사상을 이끌어온 두 전문가의 지식과 통찰을 담은 이 책은 **급변하는 환경에 대응해야 하는 리더를 위한 불변의 원칙**으로 손색이 없다.

— 김남국(동아일보 미래전략연구소장, 「동아비즈니스리뷰」 편집인)

빠른 반복 재생처럼 돌아가는 어른의 일상에서 우리는 자신이 무엇을 원하는지 생각하지 못한다. 나 자신을 뒤에 두고 일에 매진하다가 자신도, 일도 잃고 만다. 그리고 이렇게 자기다움을 잃은 이들이 모인 조직도 생동감을 잃는다. 『자기다움 리더십』은 성격심리학의 정체성 이론과 경영학의 통찰을 바탕으로 독자들에게 **자신을 알아가는 것**을 최우선으로 할 것을 권유한다. 급변하는 기업 환경에 효과적으로 적응하고 조직과 구성원 모두가 목표에 도달하려면 역설적이게도, 변하지 않는, 항상 나를 지탱해주는 나의 정체성을 먼저 이해해야 한다고 이 책은 말한다. 그러면서 훌륭한 리더란 출중한 카리스마로 군림하는 사람이 아니라, 자신의 자기다움을 이해하는 동시에 조직원 개개인의 자기다움을 존중하고 북돋아, 그로 인해 생겨나는 조직원들의 열정과 에너지를 조직의 목표를 성취하는 데 쓰일 수 있도록 도와주는 사람임을 분명히 한다. **조직 역동 문제에 대한 혁신적인 시각**을 제공하는 이 책은 벽에 둘러싸인 것 같은 갑갑함을 느끼는 이 시대의 리더들에게 깨달음의 문을 만들어 친절히 열어줄 것이다.

— 박귀현(조직심리학자, 고려대학교 심리학부 교수, 『집단의 힘』 저자)

서로 다른 길을 걸어온 두 저자가 '자기다움'과 '정체성'이라는 키워드로 만났고, 그 만남은 단순한 학문적 협업이 아니라, 진정한 공감과 통찰의 교류였다. 이 책은 "너 자신을 알라."라는 고대의 격언을 오늘날 리더십의 언어로 번역해낸 깊이 있는 성찰의 결과물이다.

이 책이 말하는 '자기다움러'는 단지 조직 안에서 자기 개성을 드러내는 사람이 아니라, **자신이 중요하게 여기는 가치를 일과 조직 안에서 구현하는 주체적인 존재이다.** '실패를 축하하는 문화' '조직은 안전한 실험실이 되어야 한다'라는 메시지는 이제 리더십이 통제와 지시가 아닌 탐색과 실험, 그리고 공감과 서사의 공유로 진화해야 함을 보여준다.

급변하는 빅블러 시대, 더 이상 정답은 바깥에 있지 않다. 이 책은 리더가 자신과 조직을 연결하는 방식, 그리고 **"왜 일하는가?"라는 본질적인 질문에 응답할 수 있는 프레임을** 제시한다. 이 책은 조직의 성장과 개인의 성찰이 나란히 걷는 길 위에서, 리더와 일하는 모든 이들에게 깊은 울림을 전하는 귀한 동반자가 될 것이다.

— 송민환(LG 인화원 상무, 한국산업교육학회장)

한 페이지를 넘기는 순간, 결이 다른 리더십 책임을 알게 된다. 이 책을 읽다 보면 리더와 구성원 사이 '정서적 연결'이 얼마나 중요한지를, 모든 실행의 중심에 **마음**이 있다는 것을 알게 된다. 변화의 속도가 빠르고 복잡성이 상대적으로 커지면서 업종 간 경계가 무색해진 빅블러 시대, 그만큼 조직에는 불안, 혼란, 구성원 단절 같은 현상이 관찰되고 있다. 이를 극복하기 위해선 조직의 연대감을 키우는 새로운 리더십, 즉 구성원의 고유성을 그 자체로 존중하고 다양한 생각과 의견을 받아들이고 연결하는 **유연성 있는 리더십**이 필요하다. 사람은 서로 연결되었다고 생각될 때 최선을 다한다. 이 책이 말하는 '자기다움 리더십'은 **개개인마다 갖고 있는 역량을 조직의 목표와 연결하고 그들만의 색깔, 정체성을 찾아가도록 돕는 것**이다. 한 치 앞을 내다볼 수 없는 오늘날, 이 책이 조직의 존재 목적과 개인의 가치, 정체성을 끌어올릴 마중물이 되리라 확신한다.

— 안승호(현대자동차 전동화부식제어리서치랩 연구위원)

『자기다움 리더십』은 단순한 리더십 책이 아니다. 심리학·교육학·철학의 통합적 관점을 통해 격변의 빅블러 시대를 이기는 리더십의 답으로 자기다움, 즉 정체성에 대한 이해를 제시한다. 오늘날 리더십은 앞장서서 끌고 가는 기술이 아니라, 나라는 존재와 함께 일하는 사람들의 이야기를 **연결**하는 용기라는 것을 울림 있게 역설한다.

이 책은 **일하는 자신을 깊이 탐색**하게 하고, 동시에 혼돈의 시대에도 흔들리지 않는 리더의 '정체성 기반'을 세워준다. 그리고 무엇보다, **리더로 산다는 것의 의미와 책임을 가슴 깊이** 새기게 한다. 당신이 만약 변화의 속도에 지쳐가고 있다면, 리더로서 어떤 결정을 해야 할지 혼란스럽다면, 조직과 구성원의 관계 속에서 진정한 의미를 찾고 싶다면 이 책은 말할 것이다. "당신의 리더십은, 당신의 **이야기**에서 시작된다."

두 저자의 만남이 선물처럼 만들어낸 이 책이 더 많은 리더의 마음을 두드리고, 변화의 시대에 구성원과 조직을 단단히 발 디디고 서게 하는 힘을 전하기를 바란다.

— 임창현(SK아카데미 리더십센터 리서치 펠로우,
『정답 없는 세상에서 리더로 살아가기』 저자)

우리는 모두 일을 하며 살아간다. 하지만 일을 단순히 생계 수단으로 여길 것인가, 아니면 자기다움을 실현하는 과정으로 바라볼 것인가? 『자기다움 리더십』은 이러한 질문에 대한 깊은 통찰을 제공하며, 조직과 개인이 함께 성장할 수 있는 길을 모색한다.

조직의 비전과 개인의 가치가 일치할 때, 리더십은 더욱 강력해진다. 이는 리더 포지션에 있는 사람뿐만 아니라 조직 내 모든 구성원에게 적용될 수 있는 소중한 통찰이다. 리더십에 관한 공저도 보기 드물지만, 자기다움에 관한 공저는 더욱 특별하다. 이 책의 저자들은 글을 통해 **자기다움의 완성이 곧 우리다움**이라는 가치를 직접 보여준다. 『자기다움 리더십』은 개인의 고유성과 조직의 공동체성이 어떻게 조화롭게 공존할 수 있는지를 보여주는 귀중한 안내서이다. 이 책을 읽는 순간, 당신은 '자기다움'이라는 리더십의 새로운 패러다임을 만나게 될 것이다.

— 권민(유니타스라이프 대표, 『자기다움』 저자)

무엇이 우리를
움직이게 하는가

2020년 7월 7일 오전 10시 38분, 박선웅은 낯선 사람에게서 이메일을 한 통 받았다. 당시 그는 교수 인생에서 가장 달콤한 시간이라는 임용 후 첫 안식년을 보내는 중이었는데, 하필 코로나19가 닥쳐 다른 사람들과 마찬가지로 칩거할 수밖에 없는 처지였다. 때마침 H 월간지에서 기고 요청을 해왔고, 학문적 성과를 공유해야 한다는 사명감과 코로나19가 가져다준 시간적 여유 때문에 선뜻 승낙했다. 이메일을 받은 것은 그 기고문이 출판된 후였다.

이메일을 보낸 사람은 박정열이었다. 그 역시 H 월간지에 기고문을 실은 필자였는데, 함께 게재된 다른 글들을 살펴보다가 자신과 생각이 통하는 글을 발견한 거였다. 바로 박선웅의 글이었다. '좀 어색할까?' 싶기도 했지만, 박선웅에게 이메일을 보내기로 했다. 같은 생각이 담긴 자신의 첫 책을 선물하고 싶었기 때문이다. 그 무렵 박선웅도 첫 책을 막 출간한 터였기에, 두 사람은 책을 교환하고 서로의 책을 다 읽은 후에 만나기로 했다. 그렇게 해서 2020년 8월 경의선 숲길에서 처음 만났고, 이제 이렇게 둘이서 함께 책을 펴내게 됐다.

그런데 알고 보니 두 사람 사이에는 공통점이 많았다. 둘 다 연세대학교 철학과를 졸업했고, 대학원에 진학하려 했으나 경제적 어려움 때문에 장교로 군 생활을 하며 학자금을 모았다. 하지만 철학이 아닌 다른 학문으로 박사 학위를 받았다. 박정열은 경영학 석사를 거쳐 교육학으로, 박선웅은 심리학으로 방향을 틀었다. 둘은 뜻을 펼치기에 적합한 자리를 찾으려고 직장도 많이 옮겨 다녔다. 박정열에게 현대자동차그룹 경영연구원·인재개발원은 일곱 번째 직장이고, 박선웅에게 고려대학교 심리학부는 다섯 번째 직장이다. 현대자동차그룹에서 박정열이 구성원들을 가르치며 연구하는 주제는 '사람과 조직에 관한 본질적 이해'이고, 고려대학교에서 박선웅이 학생들을 가르치며 연구하는 주제는 '자신이 마주한 상황을 극복하는 개인의 힘'이다. 겉보기에는 전혀 다른 이 주제를 놓고 박정열이 찾은 답은 '자기다움'이고 박선웅이 도출한 답은 '정체성'인데, 공교롭게도 이 두 가지는 섞어 써도 무방할 만큼 거의 같은 개념이다.

독자들에게 지극히 사사롭기만 한 두 사람의 일화를 들려준 이유는 우리가 만나서 함께 책을 쓰게 된 과정이 동기, 관계, 일을 둘러싼 시대 변화의 단면을 단적으로 보여주기 때문이다. 더 나아가 조직에서 구성원을 어떤 관점으로 바라봐야 하는지에 대한 통찰도 제공하기 때문이다.

1. 두 사람은 연세대학교 철학과 동문이기는 하지만, 개강 파티나 동문회 같은 학교 모임을 통해 알게 된 사이가 아니다. 같은 학교 같은 학과 출신이라는 점은 둘의 만남이 성사되는 데 아무런 기여도 하지 않았다. 대신 비슷한 생각을 공유하고 같은 방향을 바라본다는 점이 더욱 큰 역할을 했다. 출신 배경이 같다는 사실보다 자신이 즐기며 중요하게 여기는 부분을 함께 나누고 공감할 수 있다는 점이 더 소속감을 키우는 것이

다. 과거에는 학연, 지연 등이 새로운 사람을 만나는 데 중요한 역할을 했다면, 요즘은 각종 동호회가 그 자리를 대신하는 이유가 여기에 있다. 그래서 조직 리더는 이렇게 자문할 필요가 있다. **'우리 조직은 과연 구성원들이 즐기며 중요하게 여기는 일을 다른 사람과 함께하기에 적합한 곳인가?'**

2. 요즘 MZ세대의 잦은 이직이 조직 내에서 논란이 되고 있지만, 두 필자의 사례에서도 알 수 있듯 이직은 기성세대에게도 이미 익숙하고 당연한 일이 됐다. 정년을 보장해주는 회사도 거의 없지만, 그렇게 해준다고 해도 떠나는 구성원이 많다. 남들이 부러워하는 회사에 들어가더라도 입사 초기에 달콤한 허니문 기간을 안겨줄 뿐, 그마저도 그리 오래가지 못한다. 결국 자신이 얼마나 잘 성장할 수 있고, 자신의 가치를 끌어 올리는 데 도움이 되는지가 이 회사에 남을 것인지 떠날 것인지를 결정하는 중요한 기준이 된다. 그래서 조직 리더는 이렇게 자문할 필요가 있다. **'우리 조직은 구성원이 바라는 대로 성장하고 발전하기에 좋은 환경을 제공하는가?'**

3. 우리가 원해서 태어난 것이 아닌 만큼, 왜 사는지에 대한 답을 찾기란 쉽지 않다. 하지만 지금 여기의 삶에서 무엇을 할지(우리는 이것을 '일'이라고 부른다)에 대한 답은 우리가 선택할 수 있다. 당신은 삶의 목적이 무엇인가? 당신에게는 어떤 일이 의미 있는가? 박정열에게는 '사람과 조직을 본질적으로 이해하는 것'이, 박선웅에게는 '개인이 마주한 상황을 이겨낼 수 있는 능력이란 무엇인지 이해하는 것'이 삶의 중요한 목적이자 의미 있는 일이다. 이 목적이 둘을 만나게 했고, 함께 의미 있는 일을 하도록 이끌었으며, 일상의 어려움이 있더라도 같은 길을 걷게 했다. 따라서 조직 리더는 자문할 필요가 있다. **'우리 조직은 추구하는 궁극의 목적이 명확하고, 그 목적에 열광하는 구성원들을 끌어모으고 있는가?'**

사람을 일하게 만드는 것은 결국 돈이라고 생각하는 독자는 이 지점에서 선택해야 한다. 누가 뭐라 해도 자신의 믿음이 흔들리지 않을 성싶으면 지금 이 책을 덮는 것이 좋겠다. 하지만 돈만을 위해 일하지 않는 사람들의 모습을 목격하고 있고, 돈만 보고 일할 경우 그리 높은 성과가 나지 않는다는 것을 조금이라도 체감하고 있다면 일독을 권한다.

　박정열이 박선웅에게 보낸 첫 이메일은 이렇게 끝난다.
　"삶의 철학에 관해 교감하며 통찰을 나누는 관계만큼 귀한
인연은 없는 것 같습니다. 교수님과 이런 인연을 소중히 만들
어 나가면 좋겠습니다."

　이 책을 통해
　지금껏 우리가 배우고 경험하며 얻은 통찰을 나눌 수 있기를,
　독자와 교감할 수 있기를,
　그리하여 독자와 귀한 인연을 싹 틔울 수 있기를 소망한다.

　더불어 이 책을 읽은 독자가 속한 조직이 이런 인연을 가꿔
가는 곳으로 거듭날 수 있기를 기원한다.

경의선 숲길에서

박정열·박선웅

차례

빅블러의 시대, 조직 체질 예보

고해상도의 렌즈로 구성원을 들여다보라

주저 없이 나아가는
자기다움 조직

"21세기의 가장 흥미진진한 발전은

기술이 아니라 인간 존재의 의미에 관한

개념 확장에서 비롯될 것이다."

— 존 나이스비트John Naisbitt, 미래학자

서장
한 사람의 세계가 일과 만날 때

방향에 대한 답은 우리 안에 있다

"너 자신을 알라." 기원전부터 수천 년 동안 전해 내려온 이 말은 반드시 따라야 할 준엄한 진리처럼 들리지만, 막상 공허한 외침인 경우가 많다. 이 말을 듣는 순간 자연스레 따라 나오는 두 가지 질문에 대한 답을 찾기가 쉽지 않기 때문이다. '왜 나 자신을 알아야 하지? 나는 이미 대충 나를 아는 것 같은데, 나에 대해 도대체 뭘 더 알라는 거지?' 이런 의문이 뇌리를 스쳐도, 사람들은 바쁜 세상사에 휩쓸려 답을 찾기도 전에 질문을 잊어버리고는 한다.

하지만 구성원들의 열정을 모아 위대한 조직을 만들려는 리더는 항상 이 말을 기억해야 한다. 사람을 움직이는 가장 강력한 힘은 내면에 있는 무언가가 꿈틀거릴 때 뻗어 나오기 때문이다. 일에 대한 흥미나 적성이든, 어려운 사람을 돕고자 하는 이타심이든, 부조리를 향한 분노이든, 탁월함을 좇는 갈망이든, 자신의 내부에 있는 무언가가 꿈틀거릴 때 사람들은 그 일에 영혼을 싣게 된다. 리더의 중요한 역할은 자신과 구성원의 꿈틀거리는 에너지를 한데 모아 조직의 궁극적 목적을 실현하기 위한 방향으로 발산하는 것이다. 그 출발점에 **자신에 대한 이해**가 있다.

흔히 소크라테스가 한 말로 잘못 알고 있지만, "너 자신을 알라."는 사실 델포이에 있는 아폴론 신전 입구에 새겨진 경구이다. 이 밖에도 아폴론 신전에는 "무엇이든 과하지 않게" "화를 참아라" "부모를 공경해라" 등 150개 가까운 격언이 새겨져 있었다. 누가 왜 이 격언들을 새겨놓았는지, 그 고고학적 진실은 어쩌면 영원히 밝혀지지 않을 수 있다. 하지만 왜 이 격언들이 신전에 적혀 있었는지, 그중에서도 "너 자신을 알라."가 왜 특히 유명한지 생각해볼 수는 있다.

아폴론 신전은 신탁, 즉 신이 내려주는 메시지를 받는 곳이었는데, 여러 군데 있던 아폴론 신전 중 특히 델포이 신전이 가장 유명했다. 오늘날에 빗대어 말하자면, 그리스에서 가장 용한 무당이 있는 점집이었던 셈이다. 뭔가 답답한 일이 있을 때면 사람들은 이곳을 찾았을 것이다. 권력자들은 많은 돈을 내고 무당을 직접 만나 신탁을 받았을 테지만, 그럴 처지가 못 되는 수많은 사람은 무당을 만나기도 어려웠으리라. 그래도 격언만큼은 볼 수 있었다. 신전 밖 기둥이나 벽에 새겨져 있었으니까. 그리고 그 많은 격언 중 "너 자신을 알라."가 가장 유명한 이유는 아마도 이 말이 어느 누구의 어떤 고민에도 적용할 수 있는 최고의 조언이기 때문일 것이다.

사람들이 점을 보는 이유와 자신을 알고 싶은 이유는 결국 같다. 중대한 선택의 기로에서 어떤 방향으로 나아가야 할지 결정하기 위해서다. 그러나 점을 보는 것과 자신을 아는 것 사이에는 중요한 차이가 하나 있다. 점은 우리의 통제권에서 벗어나 있어 왜 그런 점괘가 나왔는지 알 수 없다는 것이다. 그래서 점은 정보로서 축적되지 않는다. 반면 자신에 대한 이해를 바탕으로 어떤 결정을 내리고 이로 인한 결과를 받아들이게 되면, 자신에 대해 더 잘 알게 되고 다음번에 더 좋은 선택을 할 수 있게 된다. 무작위의 점과 달리 자신에 대한 이해는 축적되고 노력에 따라 깊고 넓어질 수 있기에 우리가 나아가야 할 방향을 선명히 제시한다.

　자신이 누구인지 알고 싶다는 갈망이 사실은 삶의 방향성을 찾고자 하는 갈망과 맞닿아 있다는 것을 이해하면, 젊은이들 사이에서 왜 MBTI나 에니어그램처럼 자기 자신이 누구인지 알려주는 심리 검사에 대한 관심이 늘고 있는지도 이해할수 있다. 지금 이 시대는 기술의 급속한 발달, 다원주의, 복잡성의 증대로 어떠한 것도 절대적이거나 분명한 것으로 간주되지 않는, 모든 경계가 빠르게 허물어지는 이른바 빅블러Big Blur 시대가 되었기 때문이다. 자기 자신을 둘러싼 세상이 불확실성으로 가득 차 있으니 기댈 수 있는 확실성은 우리 자신 안에서 나올 수밖에 없다. 하지만 자기 자신에게서 비롯되는 확실성은 저절로 만들어지지 않는다. 자신에 대한 이해, 즉 자신이무엇을 좋아하고 어디에서 가치를 느끼며 무엇을 잘하고 못하는지에 대한 이해를 바탕으로 자신의 삶의 방향성을 결단할수 있어야 한다. 심리학에서는 이런 '자기 이해'를 **정체성**이라고 부른다.

MBTI에 갇히지 마라

개인의 정체성은 삶의 방향성이 밖에서 주어지던 과거보다는 자기 내부에서 스스로 나아갈 길을 찾아야 하는 현대 사회에서 더 중요하다. 문제는 어디로 나아갈지에 대한 답을 찾기가 쉽지 않다는 것이다. 많은 이가 '나는 누구인가?'라고 자문하지만 그 답을 찾았다는 사람은 보기 드물다. 바로 이 지점에서 성격 유형 검사인 MBTI Myers-Briggs Type Indicator (마이어스-브릭스 유형 지표)가 힘을 발휘한다. MBTI는 자신이 누구인지에 대한 질문에 네 글자로 손쉽게 답을 제공하기 때문이다. 이런 용이성 때문에 많은 사람이 자신의 MBTI 유형을 잘 알고 있고, 몇몇 조직에서는 MBTI 유형에 따라 동료와 의사소통하는 방법을 가르치기도 하며, 심지어 MBTI를 기준으로 신규 인원을 채용하기도 한다.

하지만 MBTI 결과를 받아들이기에 앞서 다음 두 가지를 유념해야 한다. 우선, 인간의 심리적 속성이 MBTI에서 전제하는 것처럼 단 16개 유형으로 명확히 구분될 수 있는지의 문제이다. MBTI에서 측정하는 E-I(외향Extraversion-내향Introversion)를 예로 들어보자. E인지 I인지를 구분하기 위해 사용되는 설문 문항에 응답한 이들의 점수를 모두 모아보면 내향적인 사

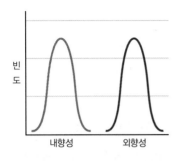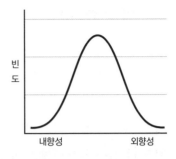

그림 1. 쌍봉 분포와 정규 분포의 비교

성격 진단 결과를 받아들이기 전에 그 진단이 어떤 가정을 하고 있는지 먼저 살펴야 한다.

람과 외향적인 사람의 분포가 〈그림 1〉의 왼쪽 그래프(쌍봉 분포)처럼 나타날까, 오른쪽 그래프(정규 분포)처럼 나타날까? 또다른 예로 호기심을 생각해보자. 사람들의 호기심 점수를 모두 모아보면, 왼쪽 그래프처럼 호기심이 없는 사람과 많은 사람으로 명확하게 구분될까, 아니면 오른쪽 그래프처럼 호기심이 매우 적은 사람부터 매우 많은 사람까지 연속적으로 퍼져 있을까? 친절함, 성실함, 행복 등은 또 어떨까?

성격심리학자들이 일반인들의 성격 특성에 대한 분포를 살펴본 결과, 거의 모든 특성이 오른쪽처럼 정규 분포를 보이는 것으로 나타났다. 그리고 오른쪽 그래프에서 나타나듯, 대부분의 사람들은 어떤 특성이 아주 적지도 아주 많지도 않고 고만

고만하게 중간에 몰려 있었다. 그래서 MBTI가 제시하는 것처럼 어떤 성격 특성이 높은 집단과 낮은 집단(예컨대 E 집단과 I 집단)으로 명확히 나누는 방식은 인간에 대한 올바른 해석을 제공한다고 보기 어렵다.

또 성격을 측정하는 것이 의미가 있으려면, 측정된 성격이 무언가를 실제로 예측해야 한다. 예를 들어, ENFP 유형의 사람들에 비해 ISTJ 유형 사람들이 판매 업무에서 거두는 성과는 저조하지만 회계 업무에서 더 뛰어난 성과를 올리는지 확인할 수 있어야 한다. 유형과 유형 사이에 그런 차이가 나타나지 않으면 유형을 구분하는 의미가 없기 때문이다. 어떤 심리적 특성을 측정한다고 할 때 그 특성에서 나타나는 차이가 다른 특성에서의 차이와 관련이 있을 것이라는 가설을 세울 수 있고, 그 가설을 과학적으로 검증할 수 있어야만 그 측정은 의미가 있다. 하지만 MBTI를 만든 사람들은 유형을 구분하는 데에만 관심이 있을 뿐, 유형 간의 차이가 실질적인 차이를 가져오는지 연구하는 일에는 별 관심이 없다.

한국 MBTI 연구소는 1990년 심혜숙, 김정택 박사에 의해 설립되었다. 이들이 중심이 되어 1992년 한국심리유형학회를 설립했고, 1993년부터 「심리유형과 인간발달」(구 한국심리유형학회지)이라는 학술지를 출판했다. 이 학술지를 통해 과학적으로 검증 가능한 방식의 논문이 실제로 출판되고 있기는 하다. 하지만 부족한 측면이 있다. 1993년부터 2024년까지 이 학술지에서 출판된 논문은 모두 171편이다. 그중 MBTI에서 제시하는 16개 유형이 실제로 다른 심리적 특성을 예측하는지(예를 들어 16개 유형에 따라 업무 성과가 다르게 나타나는지)를 통계 분석으로 확인한 논문은 11편에 불과하다. 16개 집단까지는 아니지만 더 적은 수의 집단, 예를 들어 I 집단과 E 집단 혹은 S 집단과 N 집단의 차이를 분석한 논문은 그보다는 더 많이 존재한다. 이런 시도는 분명 높이 평가할 만하지만 중요한 문제를 야기한다. MBTI의 전매특허가 인간의 성격 유형을 16개 집단으로 구분할 수 있다는 것인데, 실제 연구가 이보다 적은 집단을 대상으로 한다면 16개 집단으로 사람을 나눌 근거를 상실하기 때문이다.

따라서 구성원의 업무 적합도를 판단하는 데 MBTI를 많이 사용하는 조직에서는 잠시 멈춰 생각할 필요가 있다. 16개 성격 유형에 따른 차이를 확인한 연구가 매우 부족한 상황에서 각 구성원의 MBTI 유형을 알기 위해 비용을 쓸 이유가 있을까? 구성원을 뽑을 때 특정 MBTI 유형을 선호하거나 배제하여 조직 스스로 지원자의 잠재성을 제한할 이유가 있을까? ISTJ와 ENFP가 실제로 의사소통 방식에서 차이를 보인다는 근거가 많지 않은 상황에서 'ISTJ와 소통하는 법' 같은 교육에 시간을 쓸 이유가 있을까?

MBTI는 삶의 방향성을 자신 안에서 찾아야만 하는 시대를 사는 사람들에게 자신이 누구인지에 대한 답을 간결하게 제공해 많은 인기를 얻기는 했지만, 정체성 문제를 푸는 실질적인 해결책이 되기는 어렵다. 그럼에도 자신이 어떤 사람인지에 대해 아는 것은 삶에서는 물론 일에서도 매우 중요하다. 자신에 대한 관심이 돌이키기 힘든 시대적 흐름이 된 이때, 자기 이해는 제대로 활용할 수만 있다면 조직 내에서 업무에 대한 몰입을 높이는 기폭제 역할을 할 수 있기 때문이다. 그렇다면 자신이 어떤 사람인지 이해하기 위해 우리가 알아야 할 것은 무엇일까?

자기 이해를 구성하는 세 가지

특질

성격심리학자인 댄 맥아담스Dan P. McAdams는 1995년 「누군가

불확실성으로 가득 차 있을 때

기댈 수 있는 확실성은

우리 자신 안에서 나올 수밖에 없다.

자신의 내부에 있는 무언가가 꿈틀거릴 때

사람들은 그 일에 영혼을 싣게 되며

영혼을 실은 그 일은

미래를 열어갈 것이기 때문이다.

모든 출발점에

자신에 대한 이해가 있어야 하는 이유다.

를 알 때 우리는 무엇을 아는가?「What Do We Know When We Know a Person?」라는 제목의 논문을 발표했다. 언뜻 실없는 질문처럼 들리지만, 생각하면 생각할수록 대답하기 어려운 질문이다. 지금 이 글을 읽고 있는 독자는 이 글을 두 필자인 박정열과 박선웅이 썼다는 것을 알 테고, 누군가 이 둘을 아느냐고 묻는다면 아마 안다고 대답할 것이다. 그때 독자는 박정열과 박선웅에 대해 무얼 안다는 것일까?

맥아담스는 우리가 누군가를 알 때 알게 되는 영역이 크게 세 가지로 구분될 수 있다고 주장한다. 첫 번째 영역인 **특질**Trait은 시간과 공간을 초월해 비교적 반복적으로 발현되는 정서적, 행동적 경향이다. 친절하다, 말이 많다, 걱정이 많다 등 우리가 일상생활에서 성격이라고 부르는 영역을 떠올리면 이해하기 쉽다. 심리학에서는 인간의 특질을 외향성, 개방성, 성실성, 우호성, 신경성, 이 다섯 가지로 구분하고 이를 성격 5요인Big Five Personality Traits이라고 부른다. 먼저 외향성은 외부 자극을 적극적으로 추구하고 그것들과의 상호작용을 통해 활력을 얻는 특징으로, MBTI에서 측정하는 외향-내향 항목과 비슷하다. 개방성은 여러 종류의 새로움에 열려 있는 태도를 말하는데, 개방성이 높은 사람은 지적이거나 예술적인 것에 관심이 많다. 성실성은 자기 관리와 직결되는 성향으로, 높은 책임감과 계획에 따라 생활하는 속성이다. 우호성은 다른 사람과의 조화를 선호하는 경향으로 배려심이나 친절, 공감 등과 맞닿아 있다. 마지막으로 신경성은 걱정과 불안이 많아 정서적으로 불안정한 속성을 말한다.

물론 이 다섯 가지 특질이 사람들이 지니는 모든 성격을 포함하는 것은 아니다. 하지만 성격 5요인은 연령, 문화, 성별을 떠나 공통적으로 나타나는 특성이고, 그런 만큼 헤아릴 수 없을 정도로 많은 연구가 논문으로 출판되었다. 나아가 비슷한 주제로 이미 출판된 수십, 수백 편의 논문을 다 모아서 종합적으로 살펴보는 메타분석Meta-Analysis 논문도 상당수 출판되었다. 그중 조직과 관련된 논문 몇 편만 살펴보자.

먼저 1991년에 출판된 메타분석 논문에서는 성격 5요인과 업무 성과 간의 관련성을 확인하기 위해 117편의 논문에서 보고된 2만 3994명의 데이터를 분석했다. 이미 30여 년 전에 이 정도로 많은 연구가 수행됐다는 것은 성격 5요인에 대한 연구가 얼마나 활발히 진행되고 있는지 잘 보여준다. 메타분석을 거친 결과, 성격 5요인 중 성실성은 직업이나 업무 특성과 무관하게 업무 성과와 관련이 높았다. 관리직이나 영업직의 경우, 외향성도 업무 성과와 관련이 있는 것으로 나타났다. 다음으로 성격 5요인과 업무 열의 간의 관계를 메타분석으로 살펴본 결과, 성실성, 외향성, 개방성, 우호성이 높을수록, 그리고 신경성이 낮을수록 업무 열의가 높았다. 마지막으로, 업무 만족과 관련해서는 성실성과 외향성이 높을수록, 그리고 신경성은 낮을수록 업무 만족이 높았다.

특징적 적응

우리가 누군가를 알 때 알게 되는 두 번째 영역은 **특징적 적응** Characteristic Adaptation으로, 사람들이 어떤 상황에 적응하기 위해 어떻게 행동하는지에 대한 차이를 가리킨다. 갑자기 해야 할 업무가 쏟아져 스트레스가 급격히 올라가는 상황을 상상해 보자. 같은 스트레스 상황이지만 누군가는 어떻게 하면 이 많은 일을 효율적으로 해낼 수 있을지 계획을 세우는 반면, 다른 누군가는 갑자기 쏟아진 업무에 짜증을 내며 술부터 찾는다. 또 어떤 일이 주어질 때 더 많은 성과를 내는 것에 초점을 맞추는 사람이 있는가 하면, 실수하지 않고 일을 완수하는 것에 초점을 맞추는 사람도 있다. 같은 부서에서 일하지만 누군가는 돈을 버는 것에 큰 가치를 두고, 다른 누군가는 능력을 키워 성장하는 것에 더 가치를 둔다. 이렇게 사람들은 같은 상황에서 서로 다른 방식으로 적응하고 행동하는데, 이런 부분 또한 어떤 사람을 알기 위해 필요한 영역이다.

특징적 적응에서 다루는 개념들은 사람들의 동기, 세상에 대한 믿음, 가치, 목표, 스트레스에 대처하는 방식 등 특정 상황에서 발현되는 여러 심리적 특성을 포함하기에 그 범위가 방대하다. 그중 하나인 '가치'에 관한 연구를 살펴보자. 조직 맥락에서 접근하는 가치 연구는 구성원이 중요하게 여기는 가치가 동료 구성원 혹은 조직이 중요하게 여기는 가치와 얼마나 일치하는지를 주로 측정한다. 94편의 논문에 포함된 2만 4425개 팀을 대상으로 한 최근의 메타분석에 따르면, 팀원과의 성격 불일치, 가치 불일치, 문화 불일치 중에서 **가치 불일치**가 팀 내의 부적응적이고 비효율적인 협업을 불러오는 가장 큰 요인이다. 이 결과를 뒤집어서 생각하면, 지향하는 가치가 같은 구성원들 사이에서는 성격이나 문화 차이는 극복할 수 있다는 얘기가 된다. 같이 이루고 지키고자 하는 가치가 있을 때 성격이나 문화 차이로 불거지는 갈등은 이겨낼 수 있지만, 성격이나 문화가 같다고 해서 모두가 동의하는 공동의 가치가 저절로 생겨나는 것은 아니다.

최근 필자들은 국내 중소기업 및 대기업 구성원을 대상으로 동료와의 가치 일치와 조직과의 가치 일치 중 어떤 것이 더 중요한지 살펴보는 연구를 진행했다. 그 결과, 동료보다는 조직과 비슷한 가치를 공유하는 것이 조직의 성과를 실현하는

데 더 중요했다. 구체적으로, 조직과 구성원이 같은 가치를 공유할수록 구성원의 업무 열의와 업무 만족은 높고 이직 의도는 낮았다. 결국 조직의 성패를 가르는 것은 성격이나 MBTI 유형이 맞는지가 아니라, **함께 같은 곳을 바라보고 같은 것을 추구하는지**이다. 뒤에 다시 언급하겠지만, 이런 결과는 조직의 리더가 조직이 추구하는 목적과 지향점을 진정성 있게 제시하고 구성원과의 진심 어린 소통에 집중할 필요성을 역설한다.

서사정체성

사람들의 성격적 특질은 보통 누군가를 알 때 가장 먼저 알게 되는 영역이다. 몇십 분 동안의 대화로도 상대방이 친절한지 말이 많은지 걱정이 많은지 등을 대략 알 수 있다. 반면 누군가의 특징적 적응 방식을 알기까지는 어느 정도 시간이 필요하다. 과도한 업무 증가로 스트레스가 급격하게 증가하는 상황이 있어야 어떤 사람이 스트레스를 받을 때 어떻게 행동하는지 알 수 있고, 새로운 업무가 주어져야 이 사람이 업무에서 더 많은 성공을 이끌어내기 위해 노력하는 사람인지 아니면 실패하지 않으려 애쓰는 사람인지 알 수 있기 때문이다.

특징적 적응은 분명 특질보다 파악하는 데 더 시간과 밀도가 필요한 앎이기는 하지만, 이 두 영역을 알았다고 해서 누군가를 제대로 이해한다고 보기는 어렵다. 이 두 영역이 비슷한 사람은 세상에 많기 때문이다. 누군가가 정말 어떤 사람인지 알기 위해서는 그 사람이 **살아온 이야기**가 필요하다. 자신이 어떤 경험을 거쳐 지금의 자신이 되었는지를 둘러싼 이야기는 오직 그 사람만이 가지고 있는 고유한 개인성이다. 일란성 쌍둥이로 태어나 한 부모 밑에서 자랐다고 해도 같은 인생 이야기를 가질 수는 없다. 똑같은 가치를 추구한다고 해도 그 이유는 서로 다르다. 그래서 누군가에 대한 온전한 앎은 그 사람의 인생 이야기를 알 때 비로소 가능하다. 심리학에서는 이 인생 이야기를 **서사정체성**Narrative Identity이라고 부르는데, 그 까닭은 누군가가 자기 인생에서 쌓아 온 서사야말로 그 사람의 정체성 그 자체이기 때문이다.

맥아담스는 우리가 누군가를 알 때 무엇을 아는지에 대한 질문을 던졌고, 그 답으로 앞서 말한 세 가지 영역을 제시했다. 하지만 그가 진짜로 주장하고 싶었던 내용은 우리가 우리 자신이 누구인지 알기 위해 이 세 영역이 필요하다는 것이다. 우리는 우리 자신이 누구인지 알기 위해 성격적 특질도 파악해야 하고, 자신이 특정 상황에서 어떻게 행동하는지도 인지해야 하지만, 그 모든 삶의 영역과 역사를 포괄하여 자신이 만들어가는 인생 이야기가 무엇인지 알아야 한다. 인생 이야기는 현재의 자신이 과거의 자신과 미래의 자신을 하나의 이야기로 엮어내는 것이기에 앞으로 자신이 살아갈 방향을 제시하며 삶을 밀고 나가는 큰 원동력이 된다. 다시 말해, **우리의 존재로 어떤 이야기를 쓰고자 하는지가 우리를 움직이는 최고의 힘**이 된다.

많은 리더가 인식하지 못할 수도 있지만, 이야기는 조직 맥락에서 이미 많이 사용되고 있다. 이야기는 동기 부여의 수단이기도 하지만, 자신을 드러내는 도구이며, 조직과 구성원의 정체성이다. 다음 단락에서 이야기가 조직과 리더십 맥락에서 어떻게 사용되는지 간단히 살펴보자.

이력서가 아니라 사람을 고용하라

취업과 이직

현존하는 기업 중 인생 이야기를 가장 잘 활용하고 있는 기업은 아마 쇼피파이Shopify일 것이다. 쇼피파이는 '아마존에 대항하는 개미군단의 연합체'라는 평가를 받는 캐나다 기업으로 쇼핑몰 제작, 주문, 결제, 배송 등 판매와 관련된 과정을 대행해주는 업체이다. 한때 캐나다 기업 중 시가총액 1위를 차지하기도 했다. 쇼피파이에서 진행하는 면접의 첫 관문은 인생 이 야기 면접Life Story Interview이다. 살면서 지원자 스스로 가장 자랑스러웠던 순간은 언제인지, 가장 후회하는 일은 무엇이고 가장 어려웠던 일은 무엇인지 같은 이야기를 한 시간 내외로 편하게 말하는 것이다. "우리는 이력서가 아니라 사람을 고용합니다."라는 슬로건으로 잘 표현되듯, 이 면접에서는 단순히 직장 경력이나 업무 능력만이 아니라 인생 전반에 걸친 이야기를 듣고자 하며, 그 이야기로부터 지원자가 추구하는 삶의 가치나 인생을 대하는 태도가 쇼피파이와 일치하는지를 확인한다.

인생 이야기는 취업 후 새로운 조직에서 새로운 사람을 만나는 과정에서도 중요하다. 인도의 대표적 정보통신 기업인 위프로Wipro에서 이루어진 한 연구를 간략히 살펴보자. 이 연구의 대상은 고된 감정노동으로 이직률이 높은 고객 서비스 부서의 신입 직원이었다. 연구자는 오리엔테이션 기간 동안 신입 직원을 세 집단으로 나누었다. 대부분의 교육 내용은 비슷했지만 약 1시간 정도는 집단별로 서로 다른 과정을 거쳤다. 첫 번째 집단에서는 지금까지 살면서 최고의 자신Best Self을 경험한 순간에 대한 이야기를 적고 동료들에게 발표했다. 두 번째 집단에서는 왜 위프로가 위대한 기업인지에 대한 설명을 듣고 어떤 이야기를 들을 때 위프로에서 일하게 된 것이 자랑스럽게 느껴졌는지 적고 발표했다. 마지막 통제집단에서는 위프로의 기존 교육을 진행했다. 6개월 동안 이들을 추적 조사한 결과, 최고의 자신에 대해 이야기했던 집단은 다른 두 집단에 비해 이직률이 더 낮았고, 통제집단에 비해 고객 만족이 더 높았다. 먹고 사는 걱정이 없어진 요즘 사람들에게 자신을 진정성 있게 표현하는 일은 매우 중요해졌다. 사람들은 이제 먹고 사는 문제를 해결하기 위한 일이 아니라 자기 자신의 잠재력을 펼칠 수 있는 일을 하고자 한다. 그래서 자신이 빛났던 순간에 대해 이야기할 수 있었던 사람들이, 말하자면 자신을 진정성 있게 표현할 수 있는 기회를 경험한 사람들이 그 직장에 더 많이 남았고 더 뛰어난 업무 성과를 보인 것이다. 자신이 빛났던 경험담이 결국 새로운 조직에서 빛날 수 있는 힘을 주었다.

런던경영대학원 교수인 허미니아 아이바라Herminia Ibarra는 이직 과정에서 이야기가 하는 역할에 주목한다. 이미 직장이 있는 상황에서 왜 다른 직장으로 옮기려 하는지, 이를 위해 그동안 어떤 준비를 했고 이후 어떤 삶을 기대하고 계획하는지에 대한 설득력 있는 이야기는 우선 고용자의 마음을 얻는 데 중요하다. 하지만 더 중요한 것은 이직자의 마음, 즉 새로운 직장에 대해 어떤 태도를 갖게 될지이다. 직장을 옮기는 과정에서 느끼는 불안과 걱정이 사라지고 새로운 일에 몰두하는 순간은 물리적으로 자리를 옮기는 시점이 아니라 새로운 직장에서 맡은 업무를 성공적으로 내면화하여 자기 이야기로 엮어낼 때이다. 자식을 낳았다고 저절로 부모가 되는 것이 아니라 부모로서 자신의 역할을 삶의 일부분으로 내면화할 때 부모로서 살게 되는 것과 마찬가지이다. 따라서 구성원은 스스로 자신의 조직에 걸맞은 정체성을 형성하도록 노력해야 하고, 조직은 구성원이 새로운 정체성을 형성할 수 있도록 리더십을 발휘해야 한다.

리더십

인생 이야기는 리더십과도 밀접한 관련이 있다. 지난 20년 동안 주목받은 리더십은 **진정성 리더십**Authentic Leadership이다. 진정성 리더십의 관점에서 볼 때, 앞에서 구성원을 이끄는 카리스마적 리더십이나 뒤에서 밀어주는 섬김의 리더십은 리더가 취할 수 있는 기술적이고 부차적인 부분이다. 리더십의 본질은 조직을 통해 이루고자 하는 가치나 목적이 리더 개인이 진정으로 이루고자 하는 가치나 목적과 **맞닿아** 있는지에 있다. 속으로는 단순히 많은 돈을 벌고자 하면서 겉으로만 사회적 가치를 추구하는 척 치장하는 리더에게서는 진정성이 느껴지지 않는다. 리더가 진심으로 조직의 가치를 추구한다고 느낄 때, 그 가치에 동의하는 구성원은 엄청난 에너지를 발산한다.

문제는 리더가 진정성을 어떻게 보여줄 수 있는가인데, 여기에서 인생 이야기가 제 역할을 한다. 자신이 특정한 가치를 추구하게 된 이유를 자신의 인생 경험과 엮어 이야기할 때 진정성이 배어나기 때문이다. 사티아 나델라가 2014년 당시 망해가던 마이크로소프트의 세 번째 CEO를 맡으면서 구성원들에게 들려준 이야기가 좋은 예이다. 나델라에게는 태어날 때부터 중증 뇌성마비를 앓고 있는 아들이 있는데, 자신은 그런 아이도 음악을 듣고 글을 쓸 수 있는 소프트웨어를 만들기 위해 이 회사에 오게 됐고, 이 회사를 통해 그런 일을 하는 것이 무척 행복하고 즐겁다고 언급했다. 그러면서 **구성원들이 각자 품은 꿈을 이룰 수 있도록 자신도 함께하고 싶다**고 말했다.

많은 이가 나델라의 리더십을 가리켜 '공감과 이타성의 리더십'이라고 한다. 만약 나델라가 취임식장에서 앞으로 마이크로소프트의 핵심 가치는 공감과 이타성이니 그리 알고 업무에 적용하라고 말했다면 듣는 사람은 그 말의 진의를 이해하기 어려웠을 것이다. 하지만 그가 인생 이야기에 녹여서 자신이 진정 이루고자 하는 목표가 무엇인지 전달하니 구성원들도 나델라가 추구하려는 가치를 이해하고 '아, 우리 어머니도 눈이 침침해서 음성 인식 기능을 개선해야 하는데… 더 열심히 해보자!'라고 마음먹을 수 있게 되는 것이다. 이렇게 개개인의 진정성이 모일 때 조직은 거대한 성장의 파도를 만들어낼 수 있다.

브랜드 정체성

진정성 리더십은 '조직의 서사정체성', 즉 브랜드 정체성과도 직결된다. 리더가 진정성 있게 추구하는 조직의 목표가 겉으로 드러나 대중에게 어떻게 인식되는지가 곧 브랜드 정체성이기 때문이다. 조직이 어떤 목표를 이루기 위해 설립됐고, 어떤 과거를 거쳐 현재에 이르렀으며, 어떤 미래를 꿈꾸고 있는지에 대한 서사가 바로 브랜드 그 자체이다.

그래서 최근 브랜드 정체성을 새롭게 정립하고 있는 현대자동차그룹의 움직임이 주목할 만하다. 정의선 회장은 하늘을 이동 통로로 활용하는 새로운 교통 체계인 도심항공교통UAM, Urban Air Mobility, 안전하고 정확한 움직임을 위한 로보틱스, 그리고 친환경 에너지원으로서 수소의 활용 등, 현대자동차그룹을 최첨단 모빌리티 솔루션 기업으로 재탄생시키기 위해 많은 노력을 기울이고 있다. 아울러 이 과정에서 홈페이지에 '브랜드 스토리'라는 섹션을 만들고 브랜드 이미지를 정립하는 데 정주영 선대 회장의 이야기를 적극 활용하고 있다.

정주영 선대 회장은 전쟁으로 폐허가 된 대한민국에 도로를 깔고 그 위를 달릴 자동차를 만들면서 소비자의 생활을 획기적으로 변화시켰다. 또 국내 최초로 독자 개발한 자동차 모델 포니를 내놓으면서 많은 국민에게 첫 '마이카' 경험을 선사했다. 이후 '각 그랜저'라 불리는 고급차 모델을 출시해 성공을 향한 국민들의 열망에 불을 지피기도 했다. 단순한 자동차 생산을 넘어 한국인의 삶을 바꾸어온 현대자동차그룹의 브랜드 스토리는 스마트 모빌리티 세계를 개척하려는 지금의 도전이 폐허 위에 도로를 까는 일부터 시작한 선대 회장의 도전과 연장선상에 있다고 이야기한다. 동시에 포니의 디자인에서 영감을 얻어 아이오닉5를 디자인하고 각 그랜저에서 영감을 얻어 디 올 뉴 그랜저The All New Grandeur를 디자인하는 등 소비자들의 어린 시절 이야기를 소환하고 과거의 향수를 자극하면서 브랜드에 대한 대중의 친밀감을 키워가고 있다. 과거와 현재를 미래와 연결하는 현대자동차그룹의 서사는 브랜드 정체성을 드러내면서도 소비자의 구매 욕구를 자극하는 효과적인 매개체가 되고 있다.

리더가 진정성 있게 추구하는 목표를 제시하고, 구성원이 그 목표에 공감할 때 고유의 개성을 지닌 존재들 사이에서 공동의 **동력**이 만들어진다. 그리고 그런 조직의 정체성이 대중과 소통할 때 브랜드 정체성이 생겨난다. 결국 리더의 핵심 역할은 조직의 서사와 구성원의 서사가 맞닿아 통합된 정체성을 만들어내고 그 정체성을 대중도 이해할 수 있는 장場을 마련하는 것이다.

조직과 구성원의 서사가 맞닿아야

이제 누군가의 MBTI 유형을 묻는 대신 그 사람의 인생 이야기에 귀를 기울이자. 우리의 동료를 같은 MBTI 유형을 가진 수많은 사람 중 한 명이 아니라 자신만의 고유한 이야기를 지니고 살아가는 한 명 한 명으로 대하자. 현대자동차그룹 정의선 회장은 리더들에게 이렇게 당부했다.

"현대자동차그룹은 멀리서 보면 하나의 거대한 기계이지만 그 안에는 무수한 구성원이 모여 있습니다. 이들은 단순한 부품이 아니며 한 명 한 명이 저마다 소중한 스토리를 가지고 있습니다. 구성원 각자의 장점이 잘 드러날 수 있도록 리더십을 발휘해주십시오."

어릴 적 포니를 타고 가족과 함께 여행한 시간이 가장 행복한 기억이기에 이제 좋은 SUV를 만들어 다른 사람에게도 그런 행복을 전해주고 싶다는 이야기를 간직한 것이 중요하지, 그 사람의 MBTI가 E면 어떻고 I면 어떻겠는가.

구성원 개인의 이야기도, 조직의 이야기도 바로 세워야 하지만, 정말 중요한 것은 그 두 이야기가 조화롭게 엮이는 것이다. 조직과 구성원이 같은 방향성을 공유하고 함께 이야기를 써 나갈 때 다른 무엇으로도 대체할 수 없는 강력한 힘이 생겨나기 때문이다. 연봉을 최우선으로 생각하는 구성원은 조직이 어려운 상황에 빠지면 더 높은 연봉을 찾아 떠날 테고, 평판을 중시하는 구성원은 더 잘나가는 조직으로 옮기기 마련이다. 하지만 조직과 함께 이야기를 써 나가는 구성원은 어려움을 극복하고 모두의 해피엔딩을 만들기 위해 더욱 열심히 노력할 것이다.

아무리 크고 아름다운 보석이라도 진흙탕 속에서 그 빛을 발하기는 어렵다. 마찬가지로 구성원이 아무리 큰 열정을 안고 일하고자 해도 조직 문화가 뒷받침해주지 못하면 그 사람의 열정은 빛을 잃기 쉽다. 그러니 이제 조직의 리더는 구성원 한 사람 한 사람을 어떻게 빛나게 할 수 있을지, 어떻게 하면 구성원의 이야기와 조직의 이야기가 날줄과 씨줄처럼 엮여 거대한 융단을 직조할 수 있을지 고민해야 한다.

1부

빅블러의 시대, 조직 체질 예보

"이 시대 가장 필요한 리셋Reset은

인간다움Human-ness을 재정의하는 것이다."

— 클라우스 슈밥Klaus Schwab, 세계경제포럼 회장

1장

조직 성장은
리더의 인간관이 결정한다

담 쌓으면 죽는 시대가 되었다

'블러blur'라는 용어는 1998년 미래학자인 스탠 데이비스Stan
Davis와 크리스토퍼 메이어Christorpher Meyer가 공저인 『블러:
연결경제에서의 변화 속도Blur: the Speed of Change in the Connected
Economy』에서 처음 사용했다. 사전에서 찾아보면 '블러'는 '희
미한 것' 또는 '흐릿해진다'라는 의미다. 그렇다면 왜 이 시대
가 과거보다 흐릿해졌다는 것일까? 과거에는 분명했던 업종
간 경계가 4차 산업혁명을 거치며 혁신적인 기술 발전으로 희

미해졌기 때문이다. 사물인터넷^{IoT}, 핀테크, 인공지능^{AI}, 드론 같은 기술의 변화로 굳건했던 산업 간 장벽이 무너지며 비즈니스를 구별하는 일 자체가 모호해지고 있다. 단순한 기술적 측면만이 아니라 사회 전반에 걸쳐 변화의 속도가 빨라지고 혼합되면서 안정 속에 건재하던 기존 경계가 희석되거나 파괴되고 융화되는 현상이 일상으로 자리 잡았는데, 이를 '빅블러 Big Blur'라고 부른다.

온라인으로 도서를 팔던 아마존은 정보기술을 기반으로 전자상거래, 미디어 유통기업을 넘어 금융사로 확장하는 길도 모색하고 있다. 전자상거래 플랫폼은 지급 결제, 은행계좌, 대출보험 등 경계를 넘나드는 서비스를 제공하며 축적한 고객을 기반으로 금융사로 변신했다. 스타벅스는 수천만 이용자가 모바일 결제 시스템 '사이렌오더'에 충전한 예치금을 토대로 아르헨티나 은행인 방코갈리시아와 파트너 계약을 맺었고, 실제 오프라인 은행 지점을 개설하며 글로벌 핀테크 기업으로 성장할 준비를 다지고 있다. 현대자동차그룹은 보스턴다이내믹스를 인수하며 로보틱스 사업 준비에 박차를 가하고 있고, 수소 원천 기술력을 바탕으로 친환경 에너지 선도 기업으로 발돋움할 청사진도 그리고 있다. 전기차 기업 테슬라는 인공지능 기술로 차량의 주행 데이터를 분석하고 개별 운전자의 사고 위험을 계산해 자동차 사업에 비견할 만한 규모의 보험 사업을 운영하고 있다. 쿠팡은 쿠팡이츠를 앞세워 음식 배달 서비스 시장에 진출했고 쿠팡플레이도 출시했다. 모바일 메신저로 시작한 카카오도 쇼핑, 커머스, 뱅킹까지 산업 전반으로 영역을 넓혔다.

이렇듯 빅블러 현상은 동종업계라는 말이 무색할 정도로 모두가 서로 경쟁할 수 있는 무한 경쟁 시대로 돌입하게 만들었다. 모순되게도 '희미하고 불분명한 것'이 우리 일상 속에 스며든 변화의 가장 '명확한' 속성이자, 생존하려면 고려해야 하는 전략적 맥락이 됐다. 빅블러 현상이 새로운 변화를 일으키고 이 변화가 또 다른 빅블러를 불러오며 이른바 빅블러 생태계가 태동할 것으로 예상된다. 그렇다면 이 빅블러 생태계를 맞이하기 위해 무엇을 준비해야 할까?

빅블러는 쉽게 경계가 융화되는 현상이다. 따라서 앞으로는 경계의 제한을 의식하거나 전제하지 않는 창의적 사고로 실험과 탐색에 나서며 '경계 허물기'를 두려워하지 말아야 한다. 새로운 상황을 마주치면 과거에는 기존 테두리 안에서 어딘가로 갈무리했지만, 이제는 분명하고 의미 있는 목표를 중심으로 기존 테두리를 해체해야 한다. 모든 가능성을 열어두고 산업과 세상을 바라보는 유연하고 창의적인 시각이 필요한 것이다. 유연하게 고객의 소리를 경청하며 자신의 테두리를 스스로 극복하는 기업, 창의성을 발휘하며 고객 중심주의를 지향하는 구성원을 보유해야만 여전히 기회를 얻을 수 있다. 서로 섞이고 융화되기 위해 쌓은 담을 주체적으로 낮추고 허물어야 한다. 서로 다르다고 여겨오던 영역 간의 경계가 낮아지고 사라지면 협력하거나 경합하는 생산적 관계로 새롭게 전환될 수 있기 때문이다. 다양성Diversity을 포용Inclusion해야 한다는 말이 공감을 얻는 이유이다. 고집스럽게 기존 테두리 안에 머물거나 매달리면 결국 레드오션에서 허우적댈 수밖에 없다. 빅블러는 기존 경계를 없애는 지우개이자 가장 강력한 미래 비즈니스 역동의 연금술사이기 때문이다.

시작은 기존에 우리가 지니고 있는 생각의 틀을 깨는 것이다. 빅블러 시대에는 기존과 다르면 틀렸다고 간주하는 고정관념이 최대의 적이 될 것이다. 그렇다면 유연하고 창의적인 시각이 강물처럼 흐르는 조직을 만들기 위해 더 늦기 전에 허물어야 할 고정관념의 담은 무엇일까?

사람에 대한 관점 혁신이 먼저다

진정한 변화와 혁신은 모든 조직의 로망이라 해도 과언이 아닐 것이다. 그렇기에 이는 모든 조직의 리더에게 기대되고 요구되는 핵심 책무이다. 그러나 안타깝게도 그 수많은 변화와 혁신의 노력이 이런저런 이유로 불발에 그치는 경우가 많다. 시간, 예산, 역량, 경험, 전담 인력의 부족, 그리고 솔루션 부재 등이 주된 이유로 거론된다. 하지만 이런 노력이 물거품으로 돌아가는 진짜 이유는 따로 있다. 바로 '관점의 혁신'이 없기 때문이다.

런던대학교 보 로토Beau Lotto 교수는 자신의 저서에서 "가장 본질적이고 핵심적인 변화의 혁신은 기술과 제품, 서비스의 혁신이 아니라 세상을 보는 관점의 혁신이다"라고 지적했다. 관점이란 세상, 상황, 문제를 바라보는 시각을 말하는데, 성공적인 혁신을 이루려면 그 주체자들이 먼저 스스로가 지닌 기존 시각을 혁신해야 한다는 뜻이다. 우리는 여러 리소스가 부족해서 변화의 혁신이 실패한다고 생각하기 쉬운데, 그보다는 사안을 인식하는 관점은 바꾸지 않고 단순히 혁신의 방법론과 도구에만 매달리는 데 근본 원인이 있다는 것이다. 리더십을 혁신하려면 리더십이 무엇인지를 묻는 본질적인 관점,

사람을 대하는 근본 철학, 구성원의 역동성과 조직의 활력을 바라보는 시각을 먼저 혁신해야 하는데, 실제로는 리더십 관련 소프트 스킬(대인 관계 기술)을 개선하는 데에만 머물러 있다. 커뮤니케이션, 피드백, 경청, 코칭 방법을 수없이 듣고 시도해보지만 현장에 제대로 적용하지 못해서 눈에 띄는 결과를 얻는 데 실패하고 결국 이전 상태로 되돌아간 경험이 있지 않은가.

그렇다면 새로운 리더십으로 혁신과 변화를 모색하기 위해 어떤 관점을 들여다보아야 할까? 바로 **사람을 바라보는 관점**이다. 사람과 관련해서 내려놓아야 할 기존 관점은 무엇이고 새로이 장착해야 할 관점은 무엇인지 살피는 일이야말로 빅블러 시대를 본질적으로 준비하는 조직과 리더십이 내딛는 혁신의 첫 걸음이다.

20세기의 경영: 테일러리즘, 포디즘, 슬로어니즘

브리지포트파이낸셜Bridgeport Financial은 크리스티나 하브리지Christina Harbridge가 세운 추심 회사이다. 그는 대학교 1학년 때 미수금을 독촉하는 한 회사에서 아르바이트를 하고는 회사 설립을 결심하게 됐다. 누구나 예상할 수 있듯, 채권 추심 회사는 설정된 추심 목표를 달성하려다 보니 업무 방식과 풍토가 마치 사냥감을 좇는 맹수와 같다. 거친 말을 서슴없이 내뱉어가며 무례하게 채무자를 몰아세우고 협박조로 대하기 일쑤이다. 크리스티나는 시간이 지나면서 자신도 모르게 그렇게 행동하고 있는 제 모습을 발견하고는 놀라게 된다. 그러던 어느 날 크리스티나는 더욱 놀라운 사실을 깨닫게 됐다. 동료 직원들과 회식을 했는데, 이들이 사무실에서 그토록 모질게 채무자를 괴롭히던 사람들이었던가 싶을 정도로 모두 친절하고 상냥했던 것이다. 이들은 심지어 개인적 문제에 서로 성심성의껏 귀를 기울이며 도움을 주었고, 주말에는 봉사 활동에도 참여했다. 일터에서 급격하게 변해가는 자신의 모습에 충격을 받은 크리스티나는 다른 개념의 추심 회사를 직접 설립해야겠다고 생각했고, 그 회사가 바로 1993년에 설립한 브리지포트파이낸셜이다.

크리스티나는 다른 추심 회사와 달리 상대방을 인간적으로 존중해주면 더 성공적으로 수금할 수 있다는 신념을 사명으로 내세웠다. 존중을 받으면 진 빚을 심각하게 받아들여서 최대한 빨리 갚으려고 노력할 것이라는 믿음에서 시작된 사명이다. 이에 따라 빚을 진 사람에 대한 정의도 다시 정립했다. '따지고 보면 우리는 모두 채무자'라는 인식에서 출발했다. 살아가다 보면 누구나 필연적으로 빚을 지기 마련이고, 다만 이 빚을 시급하게 갚아야 하는지 아닌지에서 차이가 있을 뿐이기 때문이다. 이렇게 채무자를 다시 정의하며 크리스티나는 회사 업무의 가이드라인도 새롭게 설정했다. 채무자를 급박하게 몰아세우는 대신 채무자의 처지를 정확하게 이해하기 위해 이야기를 들어주는 데 충분한 시간을 쓰게 했다. 채무자가 빚을 갚을 방법과 그럴 마음이 있는지, 아니면 어쩔 수 없는 이유가 있어 변제를 못 하는지 등을 먼저 헤아리자고 강조했다. 이런 업무 가이드라인에 따라 직원들 수당은 수금한 금액 기준이 아니라 고객의 감사편지를 얼마나 많이 받았는가로 정했다. 그리고 직원을 채용할 때도 이런 신념을 공유하는지를 살폈다.

회사는 사람을 바라보는 관점을 바꾸고 여기에 맞춰 업무 방식과 평가 보상을 설정했다. 효과가 있었을까? 브리지포트파이낸셜의 수금 성과는 업계 평균 3배를 넘었다. 정량적 성과만 거둔 것이 아니다. 이 회사와 거래를 튼 고객은 평생 고객이 되었다.

1960년, 20세기 한복판에 서 있던 미국의 심리학자이자 경영사상가인 더글러스 맥그리거Douglas McGregor는 리더가 사람을 어떤 관점에서 바라보는가에 따라 경영 방식, 조직 문화, 리더십의 모든 것이 달라진다며, 이를 〈X〉와 〈Y〉라는 두 가지 관점으로 나누어 세상에 제시했다. 〈X〉는 사람이란 본질적으로 이기적이고 게으르며 일하기를 싫어하기에 목표를 달성하기 위해서는 외부의 자극이 필요하고, 또 사람이란 불완전하고 실수가 많으므로 꾸준히 감독하고 규율로 관리하며 결과에 따라 상벌을 내려야 한다는 관점이다. 반면 〈Y〉는 자신이 지향하는 가치와 잘 연결되기만 하면 사람은 자신의 목표는 물론 조직의 목표에도 기꺼이 관심을 기울이며 도전을 추구하고, 비록 불완전하며 실수가 많더라도 주체적이고 자발적인 자기 지시와 자기 통제로 이를 보완할 수 있다는 시각이다. 그래서 〈X〉 관점을 근간으로 삼는 조직은 직원들의 개별성을 드러내야 할 대상으로 바라보기보다는 불완전함과 실수, 비효율과 불량을 양산하는 원천으로 간주하기 때문에 위계 구조와 표준 관리 시스템을 촘촘하게 구축한다. 하지만 〈Y〉 관점을 받아들이는 조직은 직원들의 개별성을 몰입과 창의의 근간으로 여기기에 일터에서 직원들이 개별성을 자유롭게 드러낼 수 있도록 수평적이고 자유분방한 토양을 만드는 데 노력하며, 직원들에게 개인의 성장과 업무를 연결해서 책임감 있게 도전하고 실패할 기회를 선사하는 데 집중한다. 직원을 관리하고 통제하기보다는 직원들 스스로가 자신을 조직하고 창발성을 끌어 올

 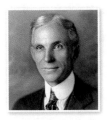 

테일러리즘	포디즘	슬로어니즘
"노동자란 생산 수단에 불과하다."	"어떤 일도 작은 일로 쪼개면 그렇게 어려운 일이 아니다."	"중앙 집권적 사업부제만이 비효율을 막을 수 있다."

그림 2. 20세기 경영의 토대

테일러리즘, 포디즘, 슬로어니즘은 속도와 효율을 극대화하기 위한 아른바 20세기형 조직 경영 체계와 리더십을 양산했다.

리도록 하는 데 힘을 쏟는 것이다.

맥그리거는 팽창적 성장을 구가하던 20세기에는 조직이 주도하는 생산성 극대화가 설득력을 얻으며 〈X〉 관점이 득세했지만, 복잡성과 불확실성이 증대되는 21세기에는 직원이 이끌어 나가는 생산성 극대화가 지속 가능성의 관건인 만큼 〈Y〉 관점이 부상하리라고 전망했다. 그렇다면 〈X〉 관점은 도대체 어떻게 20세기와 찰떡같이 잘 맞물릴 수 있었을까?

20세기 경영의 토대는 테일러리즘, 포디즘, 슬로어니즘에 있다. 프레더릭 윈즐로 테일러Frederick Winslow Tayor는 엔지니어

출신으로, 이른바 '과학적 경영'을 창시한 인물이다. 그는 공장 노동자들 사이를 빠르게 움직이며 시간을 재고, 도표를 작성하고, 가능한 모든 것을 측정했다. 노동자들의 짜증 섞인 반응과 못마땅한 시선에도 아랑곳하지 않았다. 그에게 노동자란 인간이 아닌 생산 수단에 불과했기 때문이다. 여기서 얻은 자료를 집으로 가져와서 분석하고 평가하며 최선의 작업 단계가 무엇일지 끊임없이 탐구했다. 이렇게 해서 20세기 경영의 이론적 토대가 마련됐고, 그의 저서인 『공장 관리론』(1903)과 『과학적 관리법』(1911)은 20세기 가장 영향력 있는 경영 분야 전문 서적으로 인정받고 있다.

　테일러와 함께 20세기 경영의 아버지로 불리는 인물이 두 사람 더 있다. 바로 헨리 포드Henry Ford와 앨프리드 슬론Alfred Sloan이다. 포드는 분업과 컨베이어 시스템으로 '대량 생산 체제'를 세상에 내놓았다. 그뿐 아니라 그는 지금까지도 전 세계 기업들이 곳곳에서 시행하는 '일일 8시간 노동'과 업무 성과를 제고하기 위한 '성과급 제도'를 고안해냈다. 제너럴모터스GM의 경영자인 앨프리드 슬론은 기업 최고 경영진이 중앙에서 모든 과정을 제어하는 대기업 시스템을 처음으로 궁리했는데, 브랜드를 독립적으로 분할하고 사업 단위를 구분하는 방식의 확고한 중앙 집권적 사업부제를 완성했다. 말하자면 이는 경영진이 자신이 맡은 사업부의 A to Z를 모두 책임지는 이른바 '전문 경영인' 제도이다. 지금은 완전히 뿌리내린 최고경영자 Chief Executive Officer, CEO 개념 등이 여기서 나왔다.

이렇게 테일러리즘, 포디즘, 슬로어니즘이 20세기 현대 경영의 퍼즐을 완성했다. 이 세 가지 개념은 20세기에 고속 성장을 견인하며 거스를 수 없는 기업 운영의 모델이 되었다. 거대 기업에서 동네 빵집에 이르기까지 어디서나 매일같이 이 모델을 경영이라는 이름으로 실행한다. 그런데 이 모델에는 중요한 가정이 한 가지 있다. 바로 경영자가 생각하고 노동자는 그것을 행동에 옮긴다는 전제이다. 이에 따라 직원들은 일터에서 정해지고 주어진 대로 불량 없이 업무를 해내기만 하면 되기에, 자의적으로 업무 표준에서 벗어나지 않도록 통제 및 관리해야 할 대상으로 인식됐다. 결국 이 전제는 왜 조직이 주도해서 감시와 통제 기반의 관리 체계를 촘촘하게 구축해야 하는지를 합리화해주었다. 다시 말해 조직이 왜 사람을 〈X〉 관점에서 바라봐야 하는지를 정당화해준 것이다. 이처럼 〈X〉 관점이 과학적 관리와 함께 20세기 경영관을 지배했다.

문제는 21세기에 세상이 변했다는 점이다. 20세기 직장인들은 출근할 때 자신의 머리와 가슴은 회사 정문 앞에 두고 들어가서 경영자와 리더들이 생각해놓은 업무 내용을 그들의 손발이 되어 처리하기만 하면 됐다. 하지만 이제는 많은 사람이 그런 상태를 견디고 받아들이기에는 '자의식'과 '자기 결정' 능력이 크게 신장됐다. 누구나 자연스럽게 자기 의견을 밝히고 싶어 하고, 일방적인 지시는 말없이 따르려고 하지 않는다. 이제는 누구도 다른 사람에게 이래라저래라 하기 어려워졌다. 심지어 통제 관리 제도를 거쳐도 한계가 있다. 지금은 '이유와 목적 중심의 소통'만이 타인에게 영향을 미칠 수 있는 유일한 수단이 되었다. 근본적으로 시대가 바뀐 것이다. 그런 까닭에 리더십을 발휘하기가 좀처럼 어렵다. 20세기에 태어나 〈X〉 관점의 경영이 극성기일 때 입사해서 온몸으로 그 풍토를 경험한 리더들에게는 〈X〉 관점이 더없이 자연스럽게 배어 있기 때문이다. 머리로 아는 것과는 별개로 몸에 밴 성향은 자신도 모르게 불쑥 튀어나올 확률이 높다. 그런데 이런 성향은 구성원들 몸에 밴 문화와는 다르지 않겠는가.

그렇다면 20세기는 실패한 시대일까? 당연히 그렇지 않다. 오히려 인류 역사상 최고의 압축 성장을 이룩한 기간이라 표현할 만하다. 효율과 속도를 앞세워 생산성을 극대화한 성공 경험을 얻었기 때문이다. 하지만 짙게 드리운 그늘도 잘 살펴야 한다. 〈X〉 관점에 따라 촘촘하고 치밀하게 구성된 조직의 관리 시스템은 불량을 줄이고 속도를 높여 생산성을 극적으

결국 리더십의 모든 것은 인간관에서 시작된다.

인간이 스스로 가치를 느끼는 일에 헌신하고,

그 일을 제대로 완수하기 위해

적극적으로 행동할 수 있는 존재라고 믿는다면

리더는 구성원에게 그런 토양과 기회를

기꺼이 마련해줄 것이다.

로 끌어 올렸지만, 동시에 혁신의 여정에 참여하는 구성원들의 의욕은 꺾어놓았다. 리더와 함께 일을 추진하기는커녕 리더가 시키는 일을 처리하는 처지가 되었기 때문이다. "주인의식은 늘 주인을 의식하라는 뜻이야"라는 우스갯소리에는 이런 세태가 반영되어 있다. 문제는 빅블러 현상이 심화되는 21세기에는 리더 혼자만의 능력으로 혁신을 주도하기는 어렵다는 점이다. 복잡하고 불확실하고 변동성이 커서 애매모호한 상황이 잇따르는 터라 현장에서 주도적으로 변화를 관리할 필요가 생기기 때문이다. 즉, 구성원 하나하나에게 '진짜 주인의식'을 심어줄 수 없다면 사실상 조직이 부딪히는 수많은 상황에 대처할 수 없다. 소수의 리더와 핵심 인력에게 변화 관리를 의존하고 의사결정 위계가 높은 조직일수록 빅블러 정글에서 혁신 경쟁력이 떨어질 수밖에 없다. 따라서 구성원이 혁신의 객체가 아닌 주체가 되도록 리더십을 발휘하는 역량이 더 절실해졌다. 이제는 리더십의 패러다임을 재정립할 필요가 있다는 뜻이다. 객체가 아닌 주체가 되어 일터에 참여하는 구성원이 많아지려면 어떻게 해야 할까? 다시 말해 〈Y〉 관점으로 사람을 대하도록 리더십을 혁신하려면 어디서부터 시작해야 할까?

갤럽의 짐 클리프턴Jim Clifton은 지금까지의 경영 관행이 이제 더는 직원들이 일하고, 살아가고, 경험하고 싶어 하는 방식에 맞지 않는다고 언급했다. 즉, 20세기의 〈X〉 관점에 물든 리더십은 21세기의 구성원들에게 통하지 않는다는 얘기이다. 그래서 많은 조직이 유례없는 역동성 저하와 생산성 감소에 부딪히고 있다고 지적한다. 그렇다면 우리 구성원들은 일터에서 어떤 경험을 하고 싶은 것일까? 『밀레니얼 세대가 일터에서 원하는 것』이라는 책을 쓴 제니퍼 딜Jennifer J. Deal은 요즘 구성원들이 일터에서 원하는 것을 '존중받고 싶다' '의미 있는 일을 하고 그에 걸맞은 보상을 받고 싶다' '그리고 일을 통해 성장하고 싶다' 이 세 가지로 정리했다. 그러니까 조직과 리더에게 자신이 지닌 고유한 특장점을 오류가 아닌 존중의 대상으로 인정받고 싶고, 자신이 하는 일이 세상을 바꾸는 데 이바지한다는 사실을 여러 경로로 확인하고 싶으며, 매일 똑같은 업무를 반복하더라도 소진된다는 느낌 대신 진일보하고 있다는 확신을 얻고 싶은 것이다. 〈X〉 관점으로 사람을 대하는 리더가 구성원들에게 이런 경험을 제공하는 조직의 토양을 만들 수 있을까? 어렵더라도 의미 있는 목표라면 자발적으로 도전할 수 있고 비록 시행착오가 있을지언정 자기 통제로 이를 보완하며 극복해 나갈 수 있다는 〈Y〉 관점이야말로 새로운 시대에 걸맞은 조직 토양을 일구기에 오히려 더 적절하지 않을까?

일하는 인간의 욕구를 읽어라

결국 리더십의 모든 것은 인간 본성을 바라보는 관점, 즉 인간관에서 시작된다. 구성원에게 급여를 얼마나 지급할지, 성과와 인센티브를 어떻게 연결할지, 어느 정도로 자율성을 보장할지 등과 같이 조직 구성원과 관련된 의사결정은 궁극적으로 인간을 어떤 존재로 보는지에 달렸다. 〈X〉 관점처럼 인간 본성이 이기적이고 게으르다고 믿는 리더라면 당근과 채찍을 적절히 활용해야 한다고 생각할 수 있다. 반면 〈Y〉 관점처럼 인간은 스스로 의미와 가치를 느끼는 일에 헌신하고, 그 일을 제대로 완수하기 위해 적극적으로 행동하는 존재라고 믿는 리더라면 각 구성원이 그런 능동성을 효과적으로 발휘할 수 있는 토양과 기회를 마련할 것이다. 두 인간관 중 어느 쪽이 옳을까? 지난 수십 년간 그 해답을 찾아온 자기결정이론Self-Determination Theory에 따르면 후자다.

5단계 욕구이론으로 유명한 에이브러햄 매슬로우Abraham Maslow 역시 인간은 자기실현을 추구하고자 하는 능동적 존재라고 보았지만, 그의 이론은 실제 데이터보다 개인적 통찰에 상당 부분 의지했다. 5단계 욕구이론이 그토록 유명한데도 후속 연구가 나오지 않는 이유는 바로 그래서다. 반면 자기결정이론을 주창한 에드워드 데시Edward L. Deci와 리처드 라이언 Richard Ryan은 자신들이 지닌 능동적 인간관, 즉 〈Y〉 관점이 단지 하나의 '관觀'이 아니라 데이터로 증명할 수 있는 과학적 사실임을 밝혀냈다. 외적 보상, 내적 동기, 성과, 웰빙 등 다양한 주제를 포괄하는 거대 이론으로 진화한 자기결정이론을 이 자리에서 다 설명할 수는 없지만, 그중 핵심 내용 세 가지만 짚어보겠다.

첫 번째 질문: 외적 보상은 사람을 일하게 만드는가?

외적 보상의 역사는 아마도 인류사만큼이나 길 것이다. 물개가 손뼉을 치고 고래가 춤을 추게 만드는 것은 조련사의 사랑이 아니라 배고픔을 달래주는 먹이다. 동물만이 아니라 사람도 마찬가지이다. 우리가 아침마다 잠에서 깨어나 일터로 나가는 이유는 기본적으로 일을 해서 먹고 살아갈 자원을 얻기 위해서이다. 그런 측면에서 볼 때 외적 보상은 분명 사람을 움직이고 일하게 만든다.

하지만 외적 보상에는 큰 문제가 있다. 흥미와 호기심을 갉아먹기 때문이다. 심리학을 포함한 행동과학의 수많은 연구가 이를 입증했다. 애초 흥미를 느끼고 자발적으로 시작한 일에 금전적 보상을 지급하면 사람들은 보상을 받는 동안에는 열심히 일을 하지만, 보상이 끊기면 일도 그만둔다. 원래는 보상이 없더라도 하던 일인데, 일단 보상이 지급되는 과정을 거치고 나면 흥미를 잃고 더는 관심을 보이지 않는다는 것이다. 그래서 외적 보상이 사람을 일하게 만드는 건 분명하지만, 딱 보상이 주어지는 한도에서만 그렇다.

두 번째 질문:
외적 보상이 가져다주는 동기는 성과로 이어지는가?

외적 보상이 사라지면 일을 하지 않는다고 해도 여하튼 보상이 있는 동안에는 열심히 일을 하니, 보상을 매개로 일을 시키는 방법도 나름 유용하다고 생각할 수도 있다. 문제는 외적 보상이 동기를 높이는 건 사실이지만, 이렇게 만들어낸 동기가 항상 높은 성과로 이어지는 건 아니라는 점이다. 특히 외적 보상과 성과의 관계는 일의 특성에 따라 달라진다. 듀크대학교 댄 애리얼리Dan Ariely 교수가 진행한 일련의 연구에 따르면 외적 보상은 아무런 기술이 필요하지 않은 단순 노동일 경우에는 높은 성과로 이어지지만, 지적 능력을 요구하는 업무에서는 오히려 낮은 성과를 가져온다.

창의적인 사고가 필요한 일에는 보상이 어떤 영향을 미칠

까? 한 연구에서 참여자를 세 집단으로 나누고 그들에게 창의성이 필요한 과제를 맡겼다. 첫 번째 집단에는 아무런 물질적 보상도 없이 그저 연구자들이 창의성을 중요하게 여긴다고만 언급했다. 두 번째 집단에는 창의성 점수에 비례해서 보상을 지급한다고 안내했다. 마지막 집단에는 다른 참여자보다 창의성이 더 뛰어나면 큰 보상을 지급하고 그렇지 않으면 아무런 보상도 없다고 안내했다. 그 결과, 창의성 점수(실제 성과)는 보상 언급을 전혀 하지 않은 집단에서 가장 높았고, 다른 참여자와 경쟁한 결과에 따라 보상을 지급한 집단에서 가장 낮았다. 한편 과제에 들인 시간(투입된 노력)은 보상이 없었던 집단보다 보상이 있었던 집단에서 더 길게 나타났다. 종합하면 물질적 보상이 예정되어 있을 때 업무를 수행하기 위해 더 많은 노력을 기울이기는 하지만, 그 노력이 창의적인 결과물로 이어지지는 않았다. 반면 단순히 창의성이 중요하다는 말만 들은 집단은 최소의 노력으로 최고의 성과를 냈다.

수천 년간 이어진 인류사에서 일은 대부분 단순 노동이었다. 그래서 외적 보상을 지급하는 것만으로도 필요한 성과를 거둘 수 있었다. 하지만 지난 수십 년간 인류는 지금껏 경험하지 못한 새로운 세상의 도래를 목도하고 있다. 명확한 지침 아래 기계적으로 처리하기만 하는 업무가 아니라 구성원 개개인이 자발성과 창의성을 발휘해서 수행해야만 하는 일이 눈앞에 있다. 외적 보상만으로 이런 일에서 원하는 성과를 끌어내기는 어렵다.

세 번째 질문: 성장을 위한 비옥한 토양은 무엇인가?

자기결정이론에 따르면 사람에게는 근원적인 심리 욕구가 세 가지 있다. 첫 번째 자율성Autonomy은 스스로 삶의 중요한 결정을 내리고자 하는 욕구이고, 두 번째 관계성Relatedness은 다른 사람과 가깝고 안정된 관계를 맺고자 하는 욕구이며, 세 번째 유능성Competence은 자신이 맡은 과제를 성공적으로 해내고자 하는 욕구이다. 수많은 연구 결과에 따르면, 이 세 가지 욕구가 충족될 때 직장에서 좋은 성과를 내고 개인적으로도 만족스러운 삶을 살 수 있다. 이 세 욕구가 충족된다는 조건이야말로 개인이 성장하기 위한 비옥한 토양이라는 뜻이다. 이 부분은 고도의 지적 능력을 요구하는 현대 사회에서 특히 중요하다. 사람들은 재미와 의미를 안겨주는 일을, 더욱이 자신과 뜻이 잘 맞는 사람들과 함께 한다면 기꺼이 자신의 시간과 열정을 쏟기 때문이다. 그리고 그런 환경에서 새 시대를 이끌어갈 창의적인 아이디어가 나온다.

다시 말하지만, 사람을 바라보는 관점, 곧 인간관이 중요하다. 조직의 리더는 스스로에게 질문해보아야 한다. '나는 다른 사람이 시키는 일을 주어진 지침대로 따를 때 가장 열정적이고 창의적으로 임하는가?' 그럴 리 없다. 분명 자신이 원하는 일을 자기 방식대로 추진할 때 생기가 넘칠 것이다. 스스로를 자발성과 능동성을 지닌 존재라고 믿는 만큼, 리더는 구성원에게도 그런 역량을 발휘할 기회를 열어주어야 한다. 또한 모든 구성원이 서로를 경쟁자로 여기는 대신, 혼자서는 감당할 수 없는 의미 있는 일을 함께 추구하는 동반자로 받아들일 수 있는 풍토를 조성해야 한다. 채찍을 맞지 않고 당근을 먹기 위해 주인이 가리키는 방향으로만 걷는 당나귀가 아니라, 조직 안에서 자신이 되고 싶은 사람으로 성장할 수 있도록 도와주어야 한다. 조직이 구성원의 성장을 돕는 비옥한 토양이 될 때 조직도 성장을 이어갈 것이다.

2장

하나의 기준이 아닌
저마다의 탁월함으로

'평균의 시대'는 끝났다

미국 클리블랜드 건강박물관에는 '노르마'라는 조각상이 있다.
산부인과 의사 로버트 L. 디킨슨Robert L. Dickinson이 조각가 에
이브럼 벨스키Abram Belskie와 합작해 만든 작품이다. 디킨슨이
젊은 성인 여성 1만 5000명에게서 수집한 신체 치수 자료를
토대로 벨스키가 조각상을 빚었다. 디킨슨은 대규모 자료로
산출해낸 평균값이 여성 체격의 전형, 곧 여성의 정상 체격을
판단하는 데 유용한 지침이 될 것이라고 굳게 믿었다. 노르마

가 공개되자 체질인류학계에서는 노르마상을 인체의 완벽한 전형이라고 칭송했고, 예술계에서는 노르마의 아름다움을 뛰어난 귀감이라고 표현하는가 하면, 교육계에서는 노르마를 젊은 성인 여성이 갖춰야 할 이상적 외형의 표상으로 삼으며 그 이상형에서 벗어난 학생에게 운동을 요구했다. 결국 이런 현상은 노르마를 '이상적 여성상'으로 광고하는 셈이 되어 이 노르마의 신체 치수에 근접한 여성을 선발하는 대회가 개최되기에 이른다. 가히 열풍을 넘어 노르마 광풍이었다. 그러다 마침내 과학자 케틀레Adolphe Quetlet가 이를 '평균적 인간'이라는 개념으로 정리하면서, 이른바 '**평균**의 시대Age of Average'가 열렸다. 평균적 인간의 개념을 받아들인다는 말은 각 개인의 독특함Uniqueness을 '오류'로 돌리고 평균적 인간을 '바람직한 정상'으로 간주하게 되었다는 것을 의미한다. 평균이 정상으로, 개개인이 오류로 인식되고 과학이 그 정형화에 정당성을 각인해주는 평균주의 사회가 된 것이다. 이런 세태는 사물을 단순화하고 복잡한 인간을 정형화하고 싶은 인간 본연의 충동이 과학적 정당성과 만난 합작품이다. 그렇다 보니 문제는 평균 개념을 만들어내는 선에서 그치지 않았다.

수학자인 골턴Francis Galton은 평균이 인간을 이해하는 측면에서 과학적 토대인 건 맞지만 평균적 인간이 이상향이라는 전제에는 반대했다. 그는 평균을 중심으로 그려지는 정규 분포의 좌우 영역을 단순한 평균 이탈자로 동일시하지 않고 '우월층Eminent'과 '저능층Imbecile'으로 구분했다. 인간을 열등한 이, 평범한 이, 우월한 이, 이 세 가지 유형으로 구분할 수 있다고 본 것이다. 즉, 평균 이탈자를 모두 오류로 묶었던 기존 전제에서 벗어나 평균 미만 이탈자와 평균 초과 이탈자를 구분한 다음 전자를 저능 그룹, 후자를 우수 그룹으로 간주했다. 이런 관점에서 보면 이상향은 당연히 평균 언저리의 평범한 이들이 아닌 평균 초과 이탈자들이 된다. 이런 생각은 단순히 신체건강과 정신건강, 성격, 경제적 지위 등의 적정성을 판단하는 기준을 넘어 능력과 성과를 판가름하는 데에도 유용하다는 믿음으로까지 확장됐다. 결국 케틀레와 골턴이 정립한 평균과 계층이라는 두 개념은 오늘날 전 세계 교육 시스템, 대다수 채용 관행, 상당수 업무 평가 시스템의 이면에서 근간 원칙으로 작동하게 됐다. 그런 탓에 수 세대에 걸쳐 부모들은 자녀가 평균 기준에 따라 우수 그룹으로 성장하지 못할까 봐 초조해했고, 거의 모든 사람이 자신의 건강이나 사회생활, 부의 축적, 경력 등이 평균에서 특히 아래쪽으로 이탈할 때면 자연스레 불안감에 휩싸였다. 이른바 '평균 이탈 염려증'이다.

이런 세태가 기업에는 어떻게 전이됐을까? 여기에는 산업 평균주의로 풍요를 얻었지만 대가도 치렀다.

사회의 거의 전 분야에 걸쳐

개개인이 가지고 있는 존엄이 상실된 것이다.

하지만 이제 우리는 풍요와 맞바꿨던 존엄을

되찾고 싶어진 것 같다.

저마다 간직한 '독특함'을

더 이상 '흠'이 아닌 '무기'로

인식하기 시작했기 때문이다.

계의 평균주의자인 프레더릭 윈즐로 테일러의 역할이 컸다. 앞서 언급한 테일러의 과학적 관리는 사실 평균주의 개념에 표준화로 효율을 추구한다는 실행 지침을 결합한 방식이다. 비효율의 가장 큰 원인은 직원들 각자의 생각과 방식대로 일하도록 방치하는 데 있다는 점을 전제로 삼았다. 따라서 조직은 꼼꼼하게 표준 업무 시스템을 만들어서 직원들이 따르도록 관리해야 한다는 것이다. 당연히 직원들이 실험과 탐색을 실천할 자유는 극히 제한됐다. 오늘날 많은 기업이 평균주의와 테일러리즘이 남긴 이 잔재를 지우려고 애쓰고는 있지만 본질을 놓치고 헛심만 쓰는 듯해 안타까운 실정이다. 창의적인 인재가 되라고 강조하면서도 창의적으로 일하는 방식을 회사에서 콕 집어 표준으로 지정해놓으니, 이를 아예 허용하지 않던 과거보다 직원들이 느끼는 괴리감과 허탈함은 오히려 더 커졌다. 회사에서 정해준 표준대로만 움직이기에 표준 이상의 결과를 낼 수가 없다. 회사에서 권장하는 방식과 툴Tool이 잘 맞는 직원도 있겠지만 그렇지 않은 직원도 많을 것이다. 다른 결과를 바라면서도 일하는 과정에서 나타나는 다름은 허용하지 않는 모순이 여전하다. 바로 이런 부분이 많은 조직의 자충수이자 우울한 단면이다.

우리는 손안에 슈퍼컴퓨터를 한 대씩 들고 다닌다. 디지

타이즈드 세상Digitized World으로 진입한 현실이 가히 급진적이다. 손안의 슈퍼컴은 개개인의 정보력을 극대화하며 우리가 내리는 의사결정의 선택지와 자유로움을 넓혔고, 지구 어디와도 실시간으로 연결되는 개방성을 함께 제공했다. 이런 변화가 일면서 평균주의가 정당성을 부여해주던 획일화된 집단주의적 조직 관리 방식과 문화에 의문을 던지게 됐고, 저마다 간직한 '독특함'을 '흠'이 아닌 '무기'로 인식하는 풍토가 무르익기 시작했다. 그렇게 자기표현의 무대인 블로그와 사회 관계망 서비스SNS가 일상이 되었고, 보통 사람들이 자신만의 비범함을 드러내고 공유하는 미디어 플랫폼이 보편화됐다. 닮은꼴 만들기라는 정형화의 관행을 이제 그만 내려놓고 개인의 독특함을 찾아서 드러내며 연결하는 노력이 필요한 때가 되었다고 알려주는 신호이다.

물론 대부분의 기업 조직은 평균주의 원칙에 따라 경영하고 있다고 인정하고 싶어 하지 않는다. 하지만 잘나가는 기업 상당수가 여전히 직원들의 개별성을 등한시하며 개개인의 독특함을 비효율의 주범으로 간주한다. 표준화된 시스템을 따르지 않고 자신만의 방식으로 일하려는 직원이야말로 통제하고 교정해야 할 최우선 대상인 것이다. 외부에서는 장인이나 전문가로 추앙받을 만한 사람들도 일단 조직에 들어가면 이른바 자동인형이 된다. 인재상이라는 유별난 이상향을 강조하지만, 현실은 시키는 일을 정해진 대로 처리해야 하고, 그렇게 최고 기량을 발휘하지 못한 결과를 놓고 평균주의에 입각한 정규 분포의 특정 등급에 따라 평가되는 상황이 반복되고 있다. 과연 이런 일터에서 직원들이 느끼는 마음 상태는 어디로 수렴될까? 체념, 무관심, 조용한 사직 Quiet Quitting이 아닐까?

권위와 서열은 구성원의 입을 막는다

2014년 서던캘리포니아대학교의 심리학자인 에릭 애니시치 Eric M. Anicich는 5100회 넘게 탐험에 나선 56개국 3만 625명의 등반가들에게서 데이터를 수집했다. 고산 등반에 관해 지금껏 실행한 분석 가운데 가장 큰 규모였다. 연구원들은 다른 무엇보다도 한 가지 이슈에 관심을 두었다. '과연 권위와 서열이 재난의 가능성을 높일 것인가, 아니면 반대로 줄일 것인가?' 연구 결과, 권위와 서열이 강한 팀은 사망할 가능성이 매우 높았다. 이유는 뭘까? 고난이도 등반에서는 복잡한 결정을 내려야 하는 역동적이고 변화무쌍한 환경이 두드러지게 나타나기 마련인데, 계급 서열이 명확한 문화에서는 의사결정이 위에서 아래로 전달되는 경향이 강해서 팀원이 변화하는 상황과 곧 닥칠 문제를 리더에게 경고하며 당당히 의견을 밝힐 가능성이 낮기 때문이다. 그런데 환경이 갑자기 극적으로 바뀔 때는 그만큼 발 빠르게 새로운 대응책을 내놓아야 한다. 그러려면 한두 사람이 아닌 모든 구성원이 관련 지식과 경험을 토대로 의견을 모으며 문제 해결의 주체자가 되어야 하는데, 계급 서열이 군건하게 고착되어 있으면 안타깝게도 이런 토양을 억제할 확률이 높다. 고난이도 등반일수록 이처럼 집단지성Collective Intelligence의 중요성이 커지기에 계급 서열이 강한 팀은 그만큼 사망 위험에 빠질 가능성이 크다.

빅블러 시대는 고난이도 등반과도 같은 국면이기에 생존과 번영의 열쇠는 실제 일이 벌어지는 현장에 있다. 즉, 현장에서 시시각각 일어나는 변화무쌍한 문제들을 실시간으로 공유하고 최적으로 대응하기 위해 아이디어를 연결, 재연결하는 일이 더욱 중요해진다는 뜻이다. 이것이 바로 혁신의 연료이다. 혁신이 현장에서 일어나지 않고 각종 보고서에만 존재한다면 경영층의 지적 유희에 그치고, 구성원의 피로도는 극대화된다.

혁신에 관한 연구로 노벨상을 수상한 경제학자 폴 로머Paul Romer는 이렇게 말했다. "아이디어는 상호 연결되기만 하면 자연스럽게 새로운 아이디어로 나아간다. 아이디어 공유가 수월한 곳이 그렇지 않은 곳보다 생산적이고 혁신적인 경향을 보이는 이유가 바로 여기에 있다. 아이디어를 공유하면 단순히 가능성이 더해지는 것이 아니라 몇 곱절로 늘어난다." 여기서 핵심은 공유에 있다. 공유의 속도와 질은 혁신과 직결된다. 인류사를 돌아봐도 전례를 쉽게 만날 수 있다. 증기기관은 알렉산드리아의 수학자이자 발명가인 헤론Heron이 이미 1세기에 발명했지만, 이 기술이 바퀴 제작자에게 공유되어 증기기관차가 나오기까지는 거의 1700년이 걸렸다. 증기기관이 발명됐다는 소식이 워낙에 천천히, 그리고 극소수 사람들에게만 공유된 탓에 어렵게 일군 혁신이 개선되거나 재결합될 기회를 얻지 못하고 일회성 이벤트로 끝났기 때문이다. 사회, 물리, 도덕적으로 연결성이 부족한 구조라면 이처럼 혁신은 필연적으로 장기간 고립되거나 고사하고 만다.

하버드대학교의 인류학자인 조지프 헨릭Joseph Henrich과 진화론자인 마이클 무투크리슈나Michael Muthukrishna는 혁신 측면에서 천재 집단과 네트워크를 활용하는 범재 집단을 비교했다. 그 결과, 천재는 18퍼센트만 혁신을 이루는데 그중 절반이 자신의 역량에만 의존한 것으로 확인됐다. 반면 네트워크를 활용한 범재들은 99.9퍼센트가 혁신을 거두었는데 이 중 0.1퍼센트만 단독으로 해냈을 뿐, 대다수는 네트워크에서 배운 내용을 토대로 삼았다. 아울러 이들은 자신이 거둔 혁신의 결과를 다시 네트워크에 공유하며 그 혁신을 개선할 기회를 얻으려고 했다. 사실 우리는 일하면서 성장하고 싶어 한다. 그런데 이 성장은 자신의 기존 경계가 확장될 때 일어난다. 공유와 연결을 거치며 지식과 경험이 풍부해져야 한다. 배우고 Learning, 폐기하고Unlearning, 다시 배우는Relearning 선순환이 개인과 조직 차원에서 모두 일어나야 한다. 그러면 혁신은 자연스레 시작된다.

'예의 바른 문화'가 아닌 '존중하는 문화'

앞서 폴 로머가 언급했다시피, 결국 혁신은 새로운 아이디어를 떠올리고 다른 사람들과 공유하면서 아이디어의 잠재력을 키워갈 때 나타나는 결과물이다. 이런 공유 과정을 가리켜 '정보 넘침Information Spillover'이라고 한다. 헨릭과 무투크리슈나는 이렇게 개별 두뇌들이 연결된 네트워크 전체를 '집단 두뇌Collective Brain'라고 불렀다. 집단지성은 바로 여기서 출발한다. 그렇다면 조직 내 정보가 강물처럼 흐르는 공유 풍토는 어떻게 만들 수 있을까?

평균주의 모델에 충실한 업종에 속하지만, 구성원의 독특함을 인정하고 이를 기반으로 경영해서 평균주의 모델 방식보다 더 뛰어나거나 적어도 그에 못지않은 성과를 낼 수 있다는 사실을 입증하는 이단아들이 늘고 있다. 전통적인 소매기업이면서도 집단지성을 창출해서 혁신을 일상화하고 있는 코스트코가 대표적이다.

많은 전문가가 손에 꼽는 코스트코의 성공 비결이라면 업계 관행(25~30퍼센트)과 다른 15퍼센트 마진 상한제나 묻지도 따지지도 않는 100퍼센트 환불제 등이 있다. 이런 정책이 중요한 경영전략인 건 틀림없지만, 외부 시각과 달리 정작 코스트코 자체에서 이보다 더 중요하게 여기는 성공 요인은 따로 있다. 바로 사람에 대한 철학이다. 코스트코에는 "고객들에게 싸게 파는 대신, 고객이 가치를 사도록 해야 한다."라는 원칙이 있는데, 코스트코 리더들은 이 원칙을 현장에서 실현하기 위해 핵심 방향 하나에 철저히 집중했다. 바로 직원을 **존중**하는 문화이다. 코스트코는 취업 사이트 글래스도어Glassdoor에서 선정하는 일하기 좋은 최고 기업 자리에 6년 연속으로 올랐고, 선정이 시작된 2009년부터 지금까지 총 8차례나 선택을 받았다. 직원들이 이 대형 소매업체를 칭찬하는 이유는 무엇일까? 그들은 회사가 자신들을 진정으로 존중한다고 말한다. 리더들의 진정성 있는 노력이 구성원들에게 전달된 것이다.

코스트코 창업자인 제임스 시네갈James Sinegal은 재임 중 여러 인터뷰에서 코스트코의 경영철학을 언급하며 이렇게 설명했다. "구성원 개개인에게 쏟는 관심과 투자는 단순한 슬로건이 아니라 우리 기업의 운영 방침입니다. 많은 기업이 구성원에게 관심을 기울여야 한다고 이야기하지만, 신념을 보여주기는커녕 홍보에 그치는 경우가 대부분입니다. 하지만 우리는 다릅니다. 직원을 존중하고 각자에게 강점을 발휘할 기회를 제공하며 그들이 성장할 수 있도록 도우면 뛰어난 성과로 돌아온다고 믿습니다."

'존중'의 사전적 의미가 '높여서 귀중하게 대하는 것'이므로, 코스트코 리더들은 직급을 떠나 구성원들에게 '님' 자를 붙여 호칭하고 예의를 갖춰 소통할 것이라고 생각할 수 있다. 하지만 아쉽게도 이는 절반만 맞는 이야기이다. 호칭이나 말투가 존중의 물꼬를 트는 계기가 될지언정 변화의 작은 부분일 뿐이기에 그렇다. 이른바 '예의 바른 문화'는 '존중하는 문화'의 필요조건이긴 하지만 충분조건은 아니다.

'존중'을 의미하는 'Respect'는 라틴어 'Respectus'에서 나왔다. 'Re'는 '되돌아' '반복해서'를, 'Spectus'는 어원상 'Specere', 즉 '본다'를 뜻한다. '되돌아본다'는 것은 '반추한다' '본질적으로 들여다본다' '깊이 성찰한다'는 의미이다. 그래서 종합하면 '존중'이란 결국 '자기 자신과 세상을 본질적으로 성찰하는 태도'라고 할 수 있다. 이렇게 볼 때 상대를 존중한다는 것, 즉 상대를 높여서 귀중하게 대한다는 것은 상대를 본질적으로 깊이 들여다보려고 애쓰는 일이다. 직원을 높여서 귀중하게 대하려면 직원 하나하나를 본질적으로 이해하기 위해 노력해야 한다는 얘기이다.

코스트코는 직원들이 스스로 경력을 계발해 나갈 수 있도록 힘을 실어준다. 관리자들은 직원들이 무엇이든 회사에 유익할 듯싶은 기술을 제안하면 그 기술을 실현하도록 지원하고, 코스트코 내부의 빈자리에 가서 직접 일을 해보도록 장려한다. 심지어 그 자리가 현재의 직종과 성격이 꽤 다른 부서의 자리라 하더라도 제한을 두지 않는다. 직원의 자율성을 보장하기 위한 이런 노력이 더 큰 효과를 가져오도록 조직 내에서 파격적인 이동과 승진을 기꺼이 감행하는 것이다. 실제로 관리자급인 코스트코 주임들 중 70퍼센트 이상은 카트 정리나 계산대 직원으로 입사한 사람들이다. 또한 코스트코는 명문대학교 졸업생을 고집하지 않고 각 지역 대학의 재학생들을 파트타임으로 모집하는 채용 방식을 고수한다. 직원을 이해하는 시간이 충분할수록 그들이 입사했을 때 더 적합한 부문에서 자신의 장점을 발휘할 수 있도록 그들을 지원할 수 있고, 직원들도 심리적으로 안정된 상태에서 회사 문제에 적극적으로 나서는 주인의식을 기르게 될 것이라는 인식에서 나온 채용방식이다. 존중받는다는 느낌이 들면 구성원들은 회사와 더욱친밀해진다. 평균주의 모델을 충실히 따라온 전통 소매업도구성원의 독특함을 중시하고 존중하는 경영철학으로 전환할수 있다는 사실을 보여주는 고무적인 사례이다.

코스트코가 직원에게 선사하는 존중감은 미국 유통업계 최고의 대우로도 표현된다. 2023년 2월 1일 현재 업계 1위인 월마트가 3차에 걸친 난항 끝에 어렵사리 최저시급을 14달러로 인상한 데 비해, 코스트코는 이미 2021년부터 17달러를 지급하고 있다. 급여만이 아니라 복지 수준도 최고이다. 미국 유통업계에서 의료보험을 제공받는 종업원의 비율은 평균 60퍼센트이지만, 코스트코는 90퍼센트를 넘는다.

직원을 존중하는 코스트코의 철학은 영업 실적으로도 연결된다. 코스트코의 2021년 매출액은 1920억 달러(원화로 약 220조 원이며 한국 GDP의 10.7퍼센트에 해당한다)

이고, 직원수는 28만 8000명이다. 2015년부터 월마트에 이어 세계 2위의 유통기업 자리를 확고히 지키고 있으며, 「포천Fortune」지 선정 500대 기업 12위에 올라 있다. 월마트가 사업 실패를 선언하고 맥없이 떠났던 한국에서는 유통기업 1위를 달리고 있으며, 한국 국내 16개 매장 중 양재점이 글로벌 829개 매장 중 매출 1위 그룹에 포함된다는 점 또한 주목할 만하다. 1985년 12월 5일 주당 10달러로 나스닥에 상장됐는데, 2023년 2월 1일 종가 기준 517.91달러를 기록했다. 코스트코는 무상증자를 1991년에 100퍼센트, 1992년에 50퍼센트 실시했기에 상장 시점 보유한 주식 1주(무상증자 이후 3주)를 지금까지 유지하고 있다면 주당 매입가격은 3.33달러이고, 이를 기준으로 계산한 투자 수익률은 무려 1만 5594퍼센트에 이른다. 이 수익률은 지난 37년 동안 매년 약 15퍼센트씩 주가가 상승해야 나올 수 있는 수치이다. 그동안 성장해온 코스트코의 기업가치는 실로 역대급이라 할 만하다.

2부

고해상도의 렌즈로
구성원을 들여다보라

"자기답게 사는 것 말고는

성장하며 진리에 이를 수 있는 다른 길은 없다."

— 헤르만 헤세

3장

정체성,
사람을 움직이는 강력한 힘

정체성에는 방향성이 있다

만약 인력이나 설비 투자, 보상을 늘리지 않고도 업무 성과를
높일 수 있는 방법이 있다면, 실행해보지 않을 이유가 있을까?
두 가지 간단한 사고실험을 해보자. 첫째, 사람들이 선택할 수
있는 모든 직장이 연봉, 업무 조건, 사회적 평판 등에서 완전히
똑같은 세상이 있다고 상상해보자. 이런 세상에 사는 사람들
은 "다 똑같은데 아무 일이나 하지, 뭐." 하면서 주사위를 던져
어느 직장에서 무슨 일을 할지 결정해도 괜찮다고 할까, 아니

면 조금이라도 더 마음이 끌리는 일을 찾아갈까? 당연히 기왕이면 하고 싶은 일을 할 것이다. 둘째, 사람들은 자신에게 무작정 주어진 일을 할 때와 자신이 더 좋아하고 잘하며 의미 있다고 생각하는 일을 할 때 중 언제 더 즐겁게 일하고 우수한 성과를 낼까? 당연히 후자일 것이다. 이 두 가지 사고실험의 결과를 생각해보면, 결론은 명확하다. 추가로 새로운 구성원을 뽑거나 연봉을 올리지 않아도 성과를 높이는 방법은 구성원 개개인이 좋아하고 잘하며 의미 있다고 생각하는 일이 무엇인지 헤아리고, 조직 내에서 그 일에 최대한 가까운 업무를 맡기는 것이다. 그러려면 구성원 개개인을 고해상도로 들여다볼 필요가 있다. 이것이 오늘날 리더가 정체성이라는 개념을 이해하고 조직 내에서 활용해야 하는 이유이다.

정체성이란 어떤 대상의 진짜 정체가 무엇인지, 껍데기를 벗어버렸을 때 남는 알맹이가 무엇인지를 둘러싼 판단 혹은 선언이다. 한 개인으로서 정체성을 형성한다는 것은 진정한 자신이 누구인지 이해하고 그에 걸맞은 방향을 따라 살아가기로 결단했다는 의미이다. 따라서 정체성이라는 개념에는 특정 방향에 대한 동기 부여가 이미 포함되어 있다. 뭘 해야 할지 확신이 서지 않을 때보다 특정한 목표와 방향성을 설정했을 때 그 목표를 향한 에너지가 솟아난다. 하지만 사람들, 특히 한국인들은 대개 자신과 상관없는 목표를 설정하곤 한다. 부모님이 원한다거나 돈을 많이 벌 수 있다거나 신분이 보장된다는 등의 이유로 특정한 목표를 추구하는 것이다. 하지만 자기 안에 뿌리박히지 못한 목표는 오래도록 추구하기 힘들고, 설사 목표를 달성한다고 해도 행복한 삶으로 이어지기 어렵다. 그래서 특정한 목표와 방향을 바라보며 결단을 내리기 전에 자기 자신부터 이해할 필요가 있다. 자신이 좋아하고, 잘하며, 의미 있다고 생각하는 쪽으로 삶의 방향을 설정할 때 강력한 힘이 생겨날 뿐 아니라 행복하고 만족스러운 삶이 따라온다.

> 정체성의 힘을 가장 단적으로 보여주는 예가 선교사이다. 선교사들은 언어도 잘 통하지 않는 오지에 가서 짧게는 몇 년, 길게는 몇십 년을 보낸다. 그러다 풍토병에 걸려 죽기도 하고 현지인에게 처형을 당하기도 한다. 막대한 돈이나 명예가 보장된 일도 아닌데 이들은 왜 그토록 목숨을 걸고 선교의 길을 걷는 것일까? 자신이 신의 뜻을 전하는 신의 사도라는 정체성이 있기 때문이다. 그 정체성에는 돈과 명예, 안정적인 삶으로도 이끌어낼 수 없는 강력한 힘이 담겨 있다.

심리학자들은 정체성을 미세하게 조작하기만 해도 인간의

행동을 바꿀 수 있다는 사실을 증명했다. 2008년 미국 대선 전날, 스탠퍼드대학교 연구진은 집집마다 대문을 두드리며 유권자들을 찾아가서 다음 날 있을 대선에 관한 짧은 설문을 부탁한다며 설문지를 건넸다. 유권자 절반은 "내일 투표자가 되는 것이 당신에게 얼마나 중요합니까?"라는 질문이(실험 집단), 다른 절반은 "내일 투표하는 것이 당신에게 얼마나 중요합니까?"라는 질문이(비교 집단) 담긴 설문지를 받았다. 이 한 가지 질문을 제외하고 나머지는 모두 동일했다. 투표가 끝난 뒤에 연구진은 투표자 명부를 확인하며 누가 투표에 참여했는지 살펴보았다. 그 결과, "내일 투표자가 되는 것이 당신에게 얼마나 중요합니까?"라는 질문을 받았던 사람들이 더 많이 투표에 참여했다. 왜일까? 민주주의 사회에서 자신이 투표하는 사람이라는 정체성을 형성하는 것은 중요하다. 그런데 투표 전날 투표자가 되는 것이 얼마나 중요하냐는 질문을 받은 사람들은 아마 자신도 모르게 다음 날 투표를 하지 않으면 투표자가 되지 못한다는 생각이 뇌리를 스쳤을 테고, 투표자로서 정체성을 지키기 위해 투표장에 나갔을 것이다.

연구진은 후속 연구도 진행했다. 이번에는 사람들을 연구실로 초대해서 과제를 하게 하고 결과에 따라 금전적 보상을 지급했다. 이때 참여자 절반에게는 "거짓말쟁이가 되지 마세요."라는 안내문을, 다른 절반에게는 "거짓말을 하지 마세요."라는 안내문을 건넸다. 그 결과, 거짓말쟁이가 되지 말라는 안내문을 받은 참여자들이 거짓말을 더 적게 했다. 왜일까? 사람들은 살면서 종종 크고 작은 거짓말을 하지만, 그렇다고 자신이 거짓말쟁이라고는 생각하지 않는다. 하지만 이 실험실에서 거짓말쟁이가 되지 말라는 안내문을 읽은 참여자들은 그 순간 거짓말을 하면 자신이 거짓말쟁이가 되는 양 느꼈을 테고, 거짓말쟁이라는 정체성을 회피하기 위해 거짓말을 하지 않았을 것이다.

우리는 살면서 많은 사건을 경험한다. 사회적 지위가 달라지기도 하고 소속이 바뀌기도 한다. 하지만 이런 사건 자체가 우리를 그 새로운 상황에 적응하고 성공적으로 살게 하는 것은 아니다. A 회사에 입사하고 싶었지만 결국 B 회사에 들어간 사람은 B 회사 구성원으로서 자부심을 느끼며 업무에 몰입하기 어렵다. 중요한 것은 B 회사에 입사했다는 사건 자체가 아니라 B 회사 구성원으로서 정체성을 형성했느냐이다. 그리고 B 회사 구성원으로서 정체성을 형성했을 때 비로소 B 회사 구성원답게 살아갈 수 있다. 제대로 된 정체성을 형성하는 것이 삶에서 중요한 이유이다.

일의 정체성에 우리의 정체성이 담길 때

정체성이 삶에서 중요한 역할을 하는데도 한국 사회에서 정체성은 여전히 낯선 개념이다. 2007년 삼성생명공익재단 사회정신건강연구소에서 성인 199명을 대상으로 인터뷰를 진행하며 정체성 발달 상태를 파악했다. 그 결과, 자신이 누군지 충분히 탐색하고 삶의 방향성을 결정한 사람, 즉 정체성을 제대로 형성한 사람은 12.6퍼센트에 불과했다. 자신이 누군지 아직은 확신하지 못하지만 열심히 탐색 중인 사람은 2.5퍼센트였고, 탐색도 하지 않고 확신도 없는 사람은 10.6퍼센트였다. 반면 74.3퍼센트는 자신을 탐색도 하지 않은 채 삶의 방향만 결정한 상태였다. 17년이 지난 지금은 상황이 나아졌을까? 안타깝게도 이후에 한국인의 정체성 발달을 살펴본 대규모 연구는 없었지만, 공부를 잘하는 학생들이 모두 의과대학을 지원하는 현실을 보면 상황이 개선되었으리라 추측하기는 어렵다.

조직에서도 상황은 마찬가지이다. 여전히 한국의 조직, 특히 공공 조직에서는 순환근무를 원칙으로 삼으며 구성원의 선호와 역량에 상관없이 이른바 뺑뺑이를 돌리곤 한다. 업무가 단순하고 세상이 변화하는 속도가 느리던 시기에는 이런 근무 방식이 나름의 역할을 했을 테지만, 구성원 개개인에게 고도의 전문 지식과 창의성이 요구되는 오늘날에는 그런 근무 방식이 구성원 개인은 물론 조직의 성장도 방해할 가능성이 크다. 그런 점에서 몇 년 전부터 정기 공채 대신 인원 충원이 필요한 직무별로 구성원을 선발하는 수시 채용 방식을 선호하는 현상은 바람직하다. 누가 어느 부서에 배치될지 모르는 상태에서 진행되는 대규모 정기 공채는 스펙 위주의 선발로 흐르기 쉽다. 하지만 직무별로 수시 채용 방식을 채택하면 지원자가 정확히 어떤 일을 하는지 인지하고 지원한다는 점에서 해당 업무에 흥미를 느끼고, 잘할 자신도 있는 데다, 의미까지 담아내는 지원자를 선발하게 될 가능성이 높다.

앞서 언급했다시피 사람들은 흥미를 느끼지 못하는 일을 할 때보다, 잘하지 못하는 일을 할 때보다, 아무런 가치를 느끼지 못하는 일을 할 때보다, 자신이 재미를 느끼고 잘하며 의미도 느끼는 일을 할 때 훨씬 더 몰입하고 만족하며 높은 성과를 낸다. 그래서 리더는 구성원들을 고해상도로 들여다보고 구성원 개개인의 정체성에 걸맞게 업무를 맡겨야 한다. 하지만 구성원이 자신의 정체성을 바탕으로 열정적으로 일에 몰입하기 위해서는 필요한 전제 조건이 하나 있다. 조직 그리고 그 안에서 수행하는 일이 구성원 개개인이 정체성을 발휘할 수 있는 장이 되어야 한다는 것이다. 따라서 리더의 중요한 역할 중 하

나는 조직 내에서 돌아가는 일의 정체가 무엇인지 정의해서
그 일에 공명할 수 있는 구성원의 에너지를 끌어내는 것이다.

자신이 하는 일의 정체가 무엇인지를 깨닫게 해서 구성원
으로부터 일에 대한 열정을 이끌어낸 예로 아이유(본명 이
지은)를 들 수 있다. 아이유는 한국 연예계에서 독보적인
존재이다. 온갖 아이돌 그룹이 활동하는 요즘 직접 곡을 쓰
는 솔로 가수로서 최고의 인기를 누리고 있고, 배우로서의
역량도 상당하다. 깨끗하고 바른 이미지가 있어 광고 모델
로도 왕성하게 활동하고 있다. 아이유는 삼다수와 참이슬
의 최장수 모델이었고, 참이슬은 아이유가 모델로 활동하
던 동안에 연매출 1조원 시대를 열었다. 이런 아이유의 저
력은 기본적으로 가수와 배우로서 본인이 갖춘 개인적 역
량으로부터 나오겠지만, 연예인으로서 아이유가 자신의 정
체성을 인식하는 방식에 주목할 필요가 있다. 아이유는 콘
서트나 팬미팅을 마친 후에, 혹은 수상 소감을 발표하는 자
리에서 스태프들을 무대 위로 올라오게 한 뒤 이렇게 말하
고는 한다. "저 개인은 이지은이고, 저희가 모두 합쳐져서
아이유예요." 스태프 관점에서 생각해보자. 자신이 아이유
의 한 부분을 구성하는 사람이라는 정체성을 품고 일하는
스태프와, 아이유를 위해 일하지만 다른 사람으로 쉽게 대

체될 수 있다고 생각하며 일하는 스태프 중 누가 더 뜨거운 마음으로 일에 몰입하겠는가? 아이유는 소속사를 결정할 때 모든 스태프의 고용 보장을 조건으로 내거는 것으로도 유명한데, 스태프가 모두 합쳐져서 아이유가 된다는 발언을 떠올리면 그 이유를 쉽게 이해할 수 있다.

업으로의 몰입을 만드는 두 가지 방법

조직 내에서 수행하는 일의 정체가 무엇인지를 구성원들에게 일깨워줄 수 있는 효과적인 방법 중 하나는 최종 사용자, 즉 업무 결과를 실질적으로 사용하는 고객을 활용하는 것이다. 대학교 콜센터에서 기부금을 모집하는 직원을 대상으로 진행된 한 연구를 살펴보자. 콜센터 직원의 삶은 고단하다. 출근하면 그날 전화해야 할 명단을 받고 전화를 돌리지만 전화를 끊는 사람, 왜 자신에게 전화했느냐고 따지는 사람 등 업무는 쉽지 않다. 당연히 직원들의 업무 만족도가 낮았고 퇴사율은 높았다. 연구진은 이런 콜센터 직원들 앞에 학교의 장학금을 받는 학생을 한 명 데려왔다. 이 학생은 5분간 장학금이 어떻게 자신의 삶을 바꾸었는지 이야기하고 직원들에게 감사 인사를 전했다. 그러고 나서 한 달 후에 콜센터 직원들의 업무 성과를 확인해보니 통화에 들이는 시간은 142퍼센트, 기부금 액수는 171퍼센트 증가했다. 연구진은 다른 콜센터를 대상으로도 같은 실험을 거듭해보았다. 이번에는 주당 기부금 액수가 411.74달러에서 2083.52달러로 400퍼센트 넘게 증가했다.

왜 이런 일이 벌어졌을까? 콜센터 직원들이 스스로가 맡은 **일의 정체**를 깨달았기 때문이다. 학생을 만나기 전에는 직원들은 아마도 자신들의 업무를 '전화해야 할 명단을 받아서 아무도 반기지 않는 전화를 거는 일'이라고 여겼을 수 있다. 하지만 학생이 건네는 감사 인사를 듣는 순간, 직원들은 자신들의 업무가 '누군가의 인생을 바꿀 수도 있는 보람찬 일'이라는 것을 깨달았을 것이다. 그래서 아무런 물질적 보상이 없었는데도 더 열심히, 더 성공적으로 일할 수 있었다.

이렇게 최종 사용자, 즉 고객을 활용하는 전략은 적은 비용으로 비교적 손쉽게 구현할 수 있다. 뇌전증 치료제를 만드는 제약회사라면 약을 사용한 체험 수기를 공모할 수 있다. 뇌전증은 언제 어디서 발작이 일어날지 몰라 사회활동에 엄청난 제약이 따르는 질병이다. 이 약을 사용하고 삶이 어떻게 달라졌는지 그 경험담을 듣는다면, 구성원들은 자신들이 정확하게 무슨 일을 하는지 이해하게 될 것이다. 수상자에게 1년 치 약을 제공하는 등의 혜택을 준다면 구성원들의 가슴은 더욱 뜨거워질 것이다.

구성원 스스로가 자신의 업무에 정체성을 부여하는 방법도 있다. 미국의 한 보건소를 대상으로 진행된 연구를 살펴보자. 보건소는 주로 아픈 사람들이 찾아오기에 직원들이 정서적으로 많이 소진되는 조직이다. 연구진은 보건소 구성원들에게 자기 반영적 직함, 즉 자신이 하는 일을 잘 드러내는 직함을 만들어보게 했다. 예를 들어, 감염병을 담당하는 내과의사는 '세균 박멸자', 방사선사는 '뼈 탐색자', 주사를 놓는 간호사는 '신속 한 방'이라는 직함을 만들었다. 연구진은 이렇게 만든 직함을 보건소에서 활용할 수 있는 이런저런 방법을 알려주고, 그중 적절하다고 생각되는 방식을 5주간 활용해보자고 요청했다. 그 결과, 이들의 정서적 소진은 통계상 의미 있는 수준으로 낮아졌다. 조직에서 흔히 사용하는 직무 기술서Job Description는 특정 직무가 육체적 차원에서 어떻게 구성되는지를 설명한다. 하지만 그 일의 육체적 움직임을 넘어 그 일의 정체가 무엇인지 이해하고 공감할 때 구성원은 그 일에 깊이 몰입하게 된다.

'What'이 아닌 'Why'에 공명하도록

내로라하는 글로벌 기업들은 이미 피부에 와닿을 만큼 구체적인 언어로 조직에서 수행하는 일의 정체가 무엇인지 전달하고 있다. 그 대표적인 예가 구글이다. 구글에서 일이란 "전 세계 정보를 체계화해서 모두가 편리하게 이용할 수 있도록 하는 것"이다. 그리고 구글이 추진하는 많은 사업에서 이는 정확하게 구현되고 있다. 구글도서는 출판된 책을 디지털로 전환해서 인터넷이 있는 곳이라면 어디서든 읽을 수 있게 만들어주는 서비스이다. 얼마 전에 한국 국내 앱 사용량 1위를 기록한 유튜브는 세상의 영상 정보를 체계화해서 누구든 볼 수 있게 했다.

구글이 세계 최초로 선보인 스트리트뷰Street View 서비스를 만들던 당시의 상황을 살펴보자. 처음 이 서비스를 구상했을 때 구글에서는 이 서비스를 어디에 어떻게 팔아서 얼마나 많은 돈을 벌 수 있을지는 전혀 고민하지 않고, 그저 우리가 사는 세상 전체를 보행자 시선에서 기록하고 싶었다고 한다. 10년마다 이 서비스를 업데이트한다면 전 세계가 10년 단위로 어떻게 변화하는지에 관한 거대한 기록물을 만들 수 있다. 그러기 위해 도로가 있는 곳에는 자동차에 카메라를 달고, 길이 없는 곳에는 사람이 카메라를 메고 세계 구석구석을 다녔다. 구글은 그렇게 시각 정보를 조직화했고 누구나 이용할 수 있도록 세상 사람들에게 공개했다. 덕분에 지금 우리는 침대에 누워 클릭 몇 번으로 그랜드캐니언과 에펠탑을 구경할 수 있다.

누군가는 같은 서비스를 만들면서 여기에 전혀 다른 정체성을 부여할 수도 있다. 3박 4일 여행하며 방문할 곳이나 구매하고 싶은 주택의 주변을 인터넷상으로 보여주는 식으로 여행사나 부동산에 판매할 만한 정보를 만드는 것이라고 생각할 수도 있다. 일의 정체를 무엇이라 생각하든 두 경우 다 보행자 시선에서 세상을 찍기 위해 육체적으로 정확하게 똑같은 일을 하겠지만, 심리적으로는 사뭇 다른 일처럼 느껴질 것이다. 무거운 카메라를 메고 길이 없는 험지를 걸어 다닐지언정 자신의 한 걸음 한 걸음이 세계사적 기록을 남긴다고 생각할 때는 이 구성원에게는 보람과 뿌듯함이 차오를 것이다. 하지만 반대의 경우라면 "도대체 얼마나 벌겠다고 이 고생을 시키나?" 하며 화가 치밀 수도 있다.

디즈니도 빼놓을 수 없는 사례이다. 디즈니랜드에서 일하는 모든 구성원은 '캐스트 멤버'로 불린다. 캐스트 멤버는 배역을 뜻하는 연극 용어이다. 백설공주나 미키마우스 같은 주요 캐릭터 역할을 맡은 구성원뿐 아니라 시설 관리자, 매표원, 미

조직과 추구하는 가치가

일치한다고 생각하는 구성원은

업무 만족도가 높고 업무에 몰입하며

이직을 고려하지 않는다.

조직의 정체성과 구성원의 정체성 사이에

교집합을 만들어

자신을 위한 일이 조직을 위한 일이 되고

조직을 위한 일이 자신을 위한 일이

될 수 있는 환경을 조성해야 하는 이유다.

화원에 이르기까지 모든 구성원을 캐스트 멤버라고 지칭하는 방식으로, 디즈니는 구성원 모두에게 '디즈니'라는 연극무대에 오른 배우라는 정체성을 제공한다. 다른 사람들이 쾌적하게 즐길 수 있도록 남들 놀 때 청소하는 중이라고 생각하는 미화원과, 디즈니라는 무대에서 미화원이라는 배역을 맡아 연극에 참여하는 중이라고 생각하는 미화원은 설령 육체적으로 똑같은 일을 하더라도 심리적으로는 전혀 다른 일을 하게 된다. 그래서 디즈니랜드의 미화원은 전 세계 어느 미화원도 하지 않는 일을 한다. 사람들이 많이 모여 있는 곳 바닥에 물과 마대를 이용해서 디즈니 캐릭터를 그린다. 곧 말라서 사라지고 말 그림이지만, 마대를 슥슥 움직여 캐릭터가 그려지는 것을 보면 아이들이 얼마나 좋아하겠는가. 이것이 곧 리더가 미화원에게 부여하는 정체성의 차이다.

> 한번은 디즈니랜드에서 다운증후군이 있는 여자 아이가 퍼레이드 앞에 누워버린 일이 있었다. 여느 놀이공원에서라면 이 상황에서 직원들이 어떻게 행동했을까? 급히 달려와서 아이의 팔다리를 붙잡고 길 밖으로 데려갔을 것이다. 하지만 디즈니랜드 직원들은 아이에게 달려가서 아이 곁에 같이 누웠다. 그러고는 (물론 무슨 말을 했는지는 정확히 알

수 없지만) "얘야, 하늘에서 뭘 보고 있니? 저 구름이 토끼 같지 않니?" 하면서 아이를 달랬다. 그러다가 "조금 있으면 미키마우스랑 백설공주랑 이리로 올 건데 우리 저 옆에 가서 같이 볼까?"라며 아이를 길가로 데리고 갔다.

디즈니랜드 직원들은 어떻게 이런 행동을 할 수 있었을까? 자신들이 하는 일의 정체가 무엇인지 정확히 알고 있었기 때문이다. 놀이공원 퍼레이드라는 일의 정체는 1분 1초도 어긋나면 안 되는 예술 공연이 아니다. 아이들을 즐겁게 해주는 일이다. 그런데 아이를 울리면서 퍼레이드를 할 수는 없는 것이다. 디즈니랜드 직원들은 자신들이 하는 일의 정체가 무엇인지를 명확하게 인식하고 있었기에 그에 걸맞은 행동을 그토록 감동적으로 해낼 수 있었다.

여기서 한 가지 유념해야 할 점이 있다. 일의 정체성을 세우는 작업은 조직을 창설할 때 한 차례 시도하고 접는 프로젝트가 아니라는 사실이다. 일상적으로 진행하는 수많은 일, 그 하나하나의 정체성이 무엇인지 물어야 한다. 과속 단속 카메라를 설치한다고 해보자. 한참 쭉 뻗어 나가다가 끝자락에 급커브가 있는 도로라면 어디에 카메라를 달아야 할까? 그 결정은 이 일의 정체가 무엇이라고 생각하는지에 달렸다. 과속 단속 카메라를 다는 일이 과속으로 달리는 운전자에게 벌금을 매기는 일이라고 생각한다면 차가 빠르게 내달리는 쭉 뻗은 구간에 카메라를 달아야 할 것이다. 반면 운전자의 안전을 보호하는 일로 여긴다면 쭉 뻗은 구간이 끝나고 급커브가 시작되기 전에 카메라를 달아야 할 것이다. 급커브가 시작되기 전에 속도를 줄여야 사고가 덜 나기 때문이다. 이렇게 크든 작든 구성원에게 업무를 맡길 때 리더는 그 일의 정체가 무엇인지 고민하고 구성원과 공유해야 한다.

조직과 구성원 정체성의 교집합을 만들어라

미국 보험회사인 메트라이프는 해마다 직장인을 대상으로 설문조사를 실시하는데, 2022년 보고서에서 주목할 만한 결과가 한 가지 나왔다. 지난 20년간 진행된 설문조사를 통틀어 2022년에 업무 만족도가 가장 낮았던 것이다. 그중에서도 질레니얼 세대Zillennials(밀레니얼과 Z세대 사이 세대를 가리키며, 당시로는 23~28세)의 만족도가 가장 낮았다. 이 젊은이들의 직장 생활을 그토록 힘들게 만든 요인은 자신이 맡은 업무의 목적을 모르겠다는 데 있었다. 육체적인 수준에서 무엇을 달성해야 하는지는 알지만 그 일의 정체가 무엇인지, 도대체 무엇을 위한 일인지 알 수 없다는 것이었다. 그리고 이들 중 54퍼센트가 이직할 때 반드시 고려해야 할 조건으로 일의 의미를 꼽았다.

한국에서도 결이 같은 설문조사 결과가 있었다. 직장인들의 소셜 플랫폼인 '블라인드'는 매년 직장에서 누리는 행복도, 일명 블라인드 지수를 발표한다. 블라인드의 2022년 보고서에 따르면 직장 행복도는 100점 만점에 41점으로 매우 낮았는데, 특히 사원과 대리 등 젊은 직원들의 행복도가 낮았다. 그렇다면 무엇이 우리나라 직장인들의 회사 생활을 불행하게 만들었을까? 가장 큰 원인은 업무 의미감, 즉 직장에서 자신이 수행하는 일과 삶의 방향이 일치하는 정도가 낮다는 데 있었다. 업무 의미감이 직장 행복도에 미치는 영향력은 워라밸의 두 배, 그리고 사내 복지의 세 배를 넘었다. 사람들은, 최소한 이 시대 젊은이들은 단순히 먹고 살기 위해서만 일하지 않는다는 점을 단적으로 보여주는 결과이다.

리더와 구성원 사이에 생기는 불만에는 여러 가지 이유가 있겠지만, 정체성 이슈가 그 핵심이다. 리더가 제대로 의사소통하지도 않고 어떤 맥락에서 수행해야 하는 업무인지 설명하지도 않은 채 구성원에게 특정 업무를 맡기면, 구성원은 그 일의 정체를 모르니 "이걸요? 제가요? 왜요?" 하고 묻게 된다.

하고 싶지 않은 일을 왜 해야 하는지도 모르는 상태에서 업무를 처리하다 보면 번아웃이 찾아오고 이직도 고려하게 된다. 이런 문제를 돌파하기 위한 단기적 해결책은 능동적이고 적극적으로 의사소통에 나서는 것이다. 각 구성원에게 맡기는 업무가 크게는 전체 조직, 작게는 해당 부서에서 추구하는 큰 그림과 어떻게 관련되는지 설명하며 구성원들이 일의 전체 맥락을 이해할 수 있도록 도와야 한다.

하지만 빅블러 시대를 선두에서 이끌어 나갈 조직을 만들고 싶다면 긴 안목으로 근본 체질을 개선할 필요가 있다. 과거에는 적절한 물질적 보상을 제공해서 구성원들에게 필요한 일을 시키는 것만으로도 충분하다는 관점이 지배적이었지만, 이제는 조직 내에서 구성원 개개인이 하기를 원하고 잘하고 의미 있다고 여기는 일을 할 수 있도록 돕는다는 관점이 필요하다. 조직의 정체성과 구성원의 정체성 사이에 교집합을 만들어서 개인을 위한 일과 조직을 위한 일의 경계를 허물고 서로 순환할 수 있는 환경을 조성해야 한다는 얘기이다.

그러자면 크게 세 가지가 필요하다. 먼저 최고경영자와 각 부서의 리더는 조직이 추구하는 궁극의 목적은 무엇이고, 각 부서는 그 목적 달성에 어떻게 기여하는지를 직관적이고 구체적인 언어로 제시할 필요가 있다. 말하자면, 조직의 정체성을 바로 세워야 한다. 둘째, 조직의 정체성에 공감하는 인재를 선발해야 한다. 리더가 개인의 정체성을 바꾸기는 어렵기 때문에 구성원의 정체성은 교육보다 선발의 문제에 가깝다. 따라서 구성원을 선발할 때 지원자의 스펙과 업무 경험에만 초점을 맞출 것이 아니라, 지원자가 조직이 추구하는 궁극의 목적을 공유하는지 확인할 필요가 있다. 마지막으로, 구성원 개개인을 이해하고 충분히 의사소통을 하면서 누가 어떤 업무에 공명하며 몰입할 수 있을지 파악해야 한다.

어디에 흥미를 느끼고, 무엇을 잘하고, 어떤 의미를 추구하는지에는 도통 관심을 기울이지 않고 그저 적당히 보상할 테니 맡은 업무만 잘 처리하라고 시키면 사람들은 보통 딱 그만큼만 일한다. 당연히 그렇지 않겠는가. 하고 싶지도 않고 의미를 느끼지도 못하는데 나서서 더 많은 일을 할 까닭이 없으니 말이다. 조용한 사직은 이렇게 시작된다. 하지만 사람들은 정말로 하고 싶은 일이라면 퇴근 후 지친 몸을 이끌고 자기 돈을 써가면서까지 기꺼이 하려 한다. 그 정성과 열정을 조직으로 끌고 들어와야 한다. 필자들이 진행한 연구 결과를 보면, 자신과 조직이 추구하는 가치가 서로 일치한다고 생각하는 구성원은 자신의 정체성과 조직의 정체성이 서로 강하게 얽혀 있다고 인식했고, 업무 만족도가 높고 업무에 몰입하며 이직을 고려하지 않았다. 구성원 개개인의 정체성과 조직의 정체성 사이에 교집합을 만드는 것은 구성원의 행복을 증진하는 동시에 구성원의 자발성과 창의성을 폭발시키는 길이기도 하다. 개인의 정체성과 조직의 정체성이 공명할 때 조직과 구성원이 함께 성장할 수 있다.

4장
정체성이 만개한 모습,
자기다움

조직이 고유함을 존중할 때

과거에는 평균주의 덕분에 기업들이 번창을 누렸고, 소비자들은 더 양질의 상품을 저렴하게 구매할 수 있었다. 또한 대학 지원자와 구직자들이 평균화된 시험을 치르면서 족벌주의와 연고주의가 줄어들었고, 출신 배경이 불리한 학생들에게도 전례 없는 수준의 출세 기회가 돌아갔다. 테일러리즘은 사회 전반에 걸쳐 임금 인상을 불러왔는데, 이런 효과는 어쩌면 지난 20세기에 다른 어떤 복지 정책보다도 더 많은 사람을 빈곤에서 구제했을는지 모른다. 이렇듯 평균주의와 테일러리즘은 비교적 안정되고 부유한 사회적 기반을 마련하는 데 큰 역할을 했다.

그러는 동안 한편에서 우리는 부지불식간에 대가를 치르고 있었다. 개개인이 지니던 존엄을 상실한 것이다. 우리 각자에게 깃든 고유함은 성공으로 나아가기 위한 여정 앞에 놓인 짐이거나 걸림돌, 아니면 후회하게 될 한눈팔기쯤으로 전락해버렸다. 기업, 학교, 정치 등 모든 분야에서 한결같이 개개인의 독특함이야말로 정말 중요하다고 주장하고는 있으나, 정작 현실은 누가 봐도 개인보다 평균에 기반한 시스템이 우선하게끔 설정되어 있다. 직장인들은 언제든 대체될 수 있는 존재라는 유쾌하지 않은 기분을 느끼며 일한다. 학생들은 미래의 꿈과 희망을 절대 이루지 못할 것만 같은 불안감을 안겨주는 시험 결과나 성적을 받아 든다. 성공으로 가는 바른길은 한 가지뿐이라는 식의 말을 듣고 있으면 귀에 딱지가 앉을 지경이다. 혹여 대안적 진로를 따를라치면 발을 잘못 디뎠다거나 순진하다거나 무턱대고 그냥 틀렸다는 말을 듣기 십상이다. 뛰어난 기량을 발휘하는 일이 시스템에 순응하는 자세보다 우선하는 경우는 매우 드물다.

경영자들에게 이런 이야기를 건네면 대부분 동의한다고 대구한다. 하지만 실질적인 변화를 끌어내려는 의지에는 인색하다. 21세기의 세 번째 10년을 맞이하는 이 시점에도 여전히 수많은 기업 조직에서 구성원 개개인보다 평균주의와 테일러리즘에 기반한 시스템이 중요하다는 신념을 놓지 못한 채 평균에 얼마나 근접하는가, 또는 평균을 얼마나 뛰어넘을 수 있는가에 따라 구성원들을 평가한다. 왜일까? 그만큼 달콤한 성공방정식이었고, 그래서 더욱이 빠져 나오기 힘든 안전지대이기 때문이다.

하지만 이제 세상이 바뀌었다. 환경이 복잡하고 불확실하게 흘러가며 경계가 사라지는 때일수록 생존을 위해 문제가 불거지는 현장에 쌓인 집단지성이 극대화되고 다양한 소리가 모여야 한다. 다시 말해, 권위와 통제 위에 구축된 기존의 평균주의 시스템을 해체하고 구성원의 독특함에 기반한 새로운 경영철학을 재정립해야 한다. 물론 그렇더라도 지금껏 한 세기동안 의존해온 평균주의 모델을 총체적으로 재점검한다고 하면 아무래도 상실감과 불안감을 높일 수밖에 없다. 그래서 어쩌면 우리는 기존의 평균주의와 테일러리즘이 제공하는 미심쩍은 편안함을 미래에도 비판 없이 묵인하고 받아들이는 바람직하지 않은 선택을 할 수도 있다. 기로에 선 우리 조직들의 자화상은 마치 레밍 딜레마를 닮았다. 건너편으로 뛸 것인가, 아니면 가만히 있다가 등 떠밀려 낭떠러지로 떨어질 것인가?

> 레밍은 설치목 비단털쥐과에 속하는 소형 설치류이다. 북
> 유럽, 러시아, 캐나다 등지에 서식하지만, 레밍 딜레마를
> 이야기할 때 등장하는 레밍은 스칸디나비아반도 북부의 툰
> 드라 지역에 서식하는 노르웨이레밍을 말한다. 노르웨이레
> 밍은 개체 수가 지나치게 늘어나면 집단으로 이동하는 습
> 성으로 유명하다. 앞서가는 개체를 무작정 따라가다 집단
> 으로 물에 빠져 죽는 극적인 모습 때문에 맹목적인 집단 심
> 리를 설명할 때 레밍을 예시로 들곤 한다. 뚜렷한 주관 없
> 이 다른 사람들의 선택을 따라가는 '편승 효과'를 가리켜
> '레밍 신드롬Lemming Syndrome'이라 한다. 죽을 줄 알면서도
> 다수의 관행을 따를 것인가, 아니면 자신의 판단에 따라 위
> 험을 무릅쓰고 가보지 않은 새 길로 걸어갈 것인가. 이런
> 상황에서 이러지도 저러지도 못하는 모습을 두고 레밍 딜
> 레마라고 한다.

거스를 수 없는 파도, 개별화

2020년 우리나라는 역사상 처음으로 인구가 감소했다. 사망
자 수가 출생자 수를 넘어서는 이른바 '데드 크로스'가 발생했

다. 이런 추세라면 2030년에는 '인구 절벽'을 경험할 것으로 보인다. 하지만 계속 줄어드는 인구 수에 비해 가구 수는 오히려 증가할 것으로 예상된다. 1인 가구 비중이 꾸준히 높아지고 있기 때문이다. 2020년 기준으로 약 664만이었던 1인 가구가 2040년에는 824만 가구까지 늘어날 것으로 전망된다. 이런 전망이 가능한 이유는 무엇일까? 우선 고령화, 이혼율 증가, 혼인율 감소, 저출산, 만혼 등의 사회 현상을 꼽을 수 있다. 연령대별로 살펴보면 중장년층에서는 배우자와의 이혼이나 사별, 자녀의 독립 등이, MZ세대에서는 사회경제적 여건이 그 주된 이유로 작용한다. 높은 실업률, 늦어지는 취업, 치솟는 부동산 가격 등이 가족을 이루는 대신 혼자 지내는 쪽을 선택하도록 부추기는 것이다. 가족관의 변화도 한 몫을 한다. 과거에는 결혼한 부부가 자녀를 양육하며 살아가는 것이 당연했다. 그런데 이런 가족의 가치가 약화되면서 가족의 구성은 필수가 아닌 선택이 되었다. 실제로 MZ세대가 인식하는 결혼과 자녀의 필요성은 점차 낮아지는 추세이다. 게다가 1인 가구가 증가하는 더 근본적인 원인은 개인주의의 심화에 있다.

제니퍼 딜과 앨릭 레빈슨Alec Levenson의 연구에 따르면, MZ 세대는 세 가지 독특한 개인주의 성향을 띤다. 첫째, 이들의 개인주의 성향은 철저히 자신에게 쏟는 관심에서 출발한다. 이들이 조직에서 자기 중심적이라는 평가를 듣는 이유는 조직의 입장은 뒤로한 채 주로 자신의 입장에서만 일을 바라보기 때문이다. 이 연구에서 MZ세대의 63퍼센트는 일터에서 들이미는 요구가 개인적 삶을 방해한다고 응답했다. 이들은 재미있는 일을 하며 충분한 보상을 받는 좋은 직장에 들어가고는 싶지만, 일을 위해 삶의 질을 희생할 마음은 없다. 말하자면, 전통적인 조직 구성원의 역할을 수행하되 자기 자신을 위해 더 좋은 삶을 꾸려가기를 바란다. 그렇다고 이들이 일하기를 싫어하거나 일을 못하거나 게으른 것도 아니다. 이들도 기꺼이 업무의 중심에 설 수 있다. 다만 까다로운 조건이 하나 있다.

MZ세대가 일에 몰입하기 위한 조건은 그 일이 자신에게 의미 있고 세상에 긍정적인 영향력을 끼쳐야 한다는 것이다. 이것이 MZ세대 개인주의의 두 번째 특징이다. MZ세대는 일이란 모름지기 돈을 버는 차원을 넘어 세상에 기여할 수 있어야 한다고 믿는다. 연구에 참여한 MZ세대의 92퍼센트는 세상을 더 좋은 곳으로 만드는 일이, 88퍼센트는 지역사회를 위한 모임과 자선 활동에 참여하는 일이 본인에게 중요하다고 응답했다. 그들은 이런 일이라면 열심히 그리고 잘하고 싶어 한다.

왜일까? 펠드먼Daniel C. Feldman의 연구에 따르면 이들의 79퍼센트는 선한 영향력을 끼치고 싶은 열정이 있어서, 56퍼센트는 선한 영향력에 관심이 있는 사람들을 새롭게 만나고 싶어서, 61퍼센트는 이런 부문과 연계된 전문 기술의 범위를 넓히기 위해서라고 응답했다. 결국 MZ세대는 좋은 일을 하되 그 일이 자신의 커리어 전략과 어떻게 일치하고 어떤 혜택을 가져다주는지를 항상 염두에 둔다는 뜻이다. 이렇듯 이들은 스스로 동기 부여가 되는 정도가 매우 높다. 그 핵심 요소는 바로 선한 영향력, 그리고 자신의 성장과 관련된 의미이다. 스스로가 흥미롭고 가치 있다고 판단되는 일을 하고 싶어 하고, 이 기준을 충족하지 못하는 일에서는 순식간에 동기를 잃어버리는 것이다.

MZ세대의 독특한 개인주의 성향이 보이는 마지막 특징은 주변에서 인정을 받고 싶은 욕구가 크면서도 철저히 독립적이라는 점이다. 여기서 말하는 인정 욕구란 일터에서 적절하고 적시적이며 충분한 피드백이 오가기를 기대하는 마음이다. MZ세대는 조직에서 누군가 자신을 위해 조언을 아끼지 않고, 인정, 칭찬, 피드백을 건네며 도움을 주면 좋겠다고 생각한다. 그렇다고 이들이 조직이나 타인에게 의존적이라는 의미는 아니다. 인정 욕구가 크긴 하지만 동시에 이들은 철저히 독립적이다. 이 양면성은 빅블러라는 환경에 적응하기 위한 이들의 본능적인 생존 전략이다. 자신이 성장하려면 주변과 조직에서 적절한 도움을 받아야 한다는 점을 알면서도, 스스로 경쟁력을 갖추지 못하면 언제든 주변과 조직에서 소진되고 도태될 수 있다는 사실도 되새기고 있기 때문이다. 이처럼 인정 욕구와 독립성이 함께 얽힌 개인주의 성향이기에, MZ세대가 이를 표출하는 대표적인 방법은 학습과 성장 추구이다. 끊임없는 학습과 성장만이 자신의 부가가치를 창출하고, 특정 조직과 상황에 대한 의존도를 낮출 수 있다고 믿기 때문이다.

이렇게 업무를 벗어난 개인의 삶을 중시하지만 선한 영향력을 발휘하고 자신이 성장하는 일과 관련된 업무에는 스스로 동기 부여가 되어 기꺼이 몰입하는 모습, 주변과 조직에서 인정을 바라는 욕구가 크지만 의존적인 성향은 싫어하는 개인주의적 특징은 사회 전반에 걸쳐 '개별화 경향'을 양산했다.

영향력을 체감하면 생산성은 폭증한다

아무리 시스템이 방대하고 고도화되어 엄청난 부를 창출한다고 해도 사람은 시스템의 부속품이 아닌 독립된 존재로서 정체성을 갈구한다. 망망대해를 홀로 헤맬지언정 자신의 목적지를 찾아 떠나고 싶어 한다. 이제 성과를 내며 성장할 기회는 조직 생활에서 사치가 아닌 필수품이 되었다. 이런 개별화 경향은 일터가 생계에 필요한 자원을 공급하는 곳을 넘어 자신만의 부가가치를 창출하며 세상과 의미 있는 관계를 최대한 형성해가는 기회의 장이 되어야 한다는 신념을 심어준다. 다시 말해 '왜 굳이 모여서 일하는가' '나는 일하면서 존재감을 만끽하고 행복한가'라는 질문에 명확한 답을 얻고 싶은 것이다. 이렇게 직장인들은 이른바 '일터에서 행복한 나와 마주하기' 같은 개인 프로젝트에 돌입했다. 개별화 경향이 심화될수록 이 프로젝트는 일을 대하는 핵심이 될 것이다. 미래의 조직 리더들은 구성원들의 이 개인 프로젝트를 진심으로 인정하고 매끄럽게 업무와 연결하는 역할로 빠르게 옮겨가야 한다. 이런 변신에 성공한다면 그 조직과 리더들은 앞으로 더욱 심화되는 빅블러 국면에서도 여전히 혁신의 주체로 나서는 구성원들을 목격하게 될 것이다.

그렇다면 '일터에서 행복한 나와 마주한다'는 건 무엇을 의미할까? 조직심리학자 로라 로버츠Laura M. Roberts 교수는 '일터에서 자신의 최고 모습Best Self Portrait을 발휘한다'는 뜻이라고 말한다. '자신의 최고 모습'이란 최상의 상태에서 자신이 드러내 보이는 자질이나 특성을 가리키는 인지적 표현인데, 자신이 가진 것으로 세상에 긍정적인 영향을 미치기 위해 하는 행동 하나하나가 자신의 최고 모습을 구성한다는 의미이다. 그래서 동료들이 '나의 최고 모습'을 알아갈수록 직장에서 '내가 본모습을 보이고 있구나' 하고 느끼게 된다. 즉, 자신의 최고 모습을 일터에서 동료들에게 드러내 보이며 일과 연결해서 긍정적인 영향력을 끼칠 때 존재감이 최고조에 달한다는 얘기이다. 자신을 진정으로 존중해주는 커뮤니티에서 과연 자신이 어떤 모습을 보였던가 잠시 떠올려본다면 일터에서 최고의 모습을 발휘하고 이를 뒷받침해주는 주변의 지지가 만들어낼 생산적 역동성과 활력을 어렵지 않게 짐작할 수 있을 터이다.

그렇다면 '자신의 최고 모습'의 실체는 무엇일까? 앞서 언급했다시피 로라 로버츠 교수는 자질이나 특성이 최고조로 발휘된 상태라고 설명했는데, 그러려면 무엇을 자신의 자질이나 특성으로 보아야 할지 구체적으로 살필 필요가 있다. 여기서 잠깐 아리스토텔레스의 도움을 받아보자.

일찍이 아리스토텔레스는 인간이 세상과 만나는 지점에 **'직업Vocation'**이 있다고 언급했다. 다수 안에서 존재감이 없던 우리가 세상과 만나는 지점에서 비로소 의미 있게 살아 있음을 느끼게 된다는 것이다. 즉, 진정한 존재감은 혼자 있을 때보다 세상과 만날 때 생겨난다는 말이다. 아리스토텔레스는 그 지점에 직업이 있다고 이야기했다. 자신과 세상이 직업을 매

아리스토텔레스는 인간이 세상과 만나는 지점에

'직업(Vocation)'이 있다고 언급했다.

다수 안에서 존재감이 없던 우리는

세상과 만나는 지점, 즉 일에서

비로소 의미 있게 살아 있음을 느끼게 된다.

그렇기에 자신의 존재감과 영향력을

만끽하는 터전으로서

일터, 직장, 회사, 기업 조직은 중요하다.

개로 만나면 크든 작든 자신이 세상에 기여하는 몫을 자연스럽게 체험하게 되기 때문이다. 그렇기에 자신의 존재감과 영향력을 만끽하는 터전으로서 일터, 직장, 회사, 기업 조직이 중요할 수밖에 없다. 이런 메커니즘은 사람을 가리지 않고 공평하게 적용된다.

그렇다면 우리 안의 어떤 것이 우리 자신을 대변하는가? 나의 어떤 요소가 세상과 만나야 할까? 다시 말해, 나를 대변하는 어떤 요소가 직업을 통해 세상과 만나야 존재감이 극대화되고 영향력의 질감이 풍부해지는 것일까?

여기서 아리스토텔레스는 '재능Talent'을 꼽았다. 재능은 개인마다 고유하기에 개인의 정체성을 대변할 수 있다고 생각한 것이다. 세계적인 리서치 전문 기관이자 휴먼 연구 기관인 갤럽은 이 재능에 꾸준히 투자하면 '강점'이 된다고 보았다. 개인의 강점은 당사자의 정체성을 규명하는 대표 요소이면서, 동시에 주변으로부터 객관적인 인정을 받는 생산성 요소이다. 즉, 성과 창출과 직결되는 개인의 차별화 요소인 것이다. 그렇기에 재능과 그것이 외부로 객관화되어 세상과 만나게 되는 요소인 강점은 한 개인의 독특한 고유성을 이해하는 데 매우 유용하다. 하지만 이것만으로 충분할까?

자기다움을 만드는 세 가지: 흥미, 강점, 지향점

강점 이외의 다른 핵심 요소들을 놓치지 않기 위해 필자들이 진행한 연구 프로젝트를 잠깐 살펴보자. 우선, 우리는 혁신가로 불리는 사람들을 들여다보았다. 이들이야말로 세상과 마주하며 자신의 최고 모습을 발현한 대표 집단이라고 할 수 있기 때문이다. 이 혁신가들의 스토리를 개인-환경 상호작용 연구 관점에서 분석하고 공통된 행동습관을 확인한 다음, 이 행동습관을 심어주는 메커니즘을 찾아 모델링했다. 그 결과, 이들은 자신의 여러 자질이나 특성 중에서 특별히 **'흥미'**(좋아하는 것), **'강점'**(잘하는 것), **'지향점'**(추구하는 것)을 중심으로 자기 자신을 명확히 인식하고 있다는 점을 확인했다. 여기서 그치지 않고 이들은 흥미, 강점, 지향점 가운데 적어도 하나 이상을 집요할 정도로 긴밀하고 일관되며 꾸준히 세상의 필요와 연결하려고 노력했다. 이런 행동습관이 세상에 없던 차이를 끄집어내고 그 가치에 공감을 얻는 선순환 고리를 만들어냈다.

이런 결과를 놓고 다시 범재들을 대상으로 질적 조사를 진행하며 시뮬레이션했다. 혁신가에게서 발견한 내용이 일반화될 수 있을지 확인하기 위해서였다. 범재들을 대상으로는 혁신 스토리가 아닌 성취 스토리를 분석했다. 혁신을 거둔 경험

담을 들려달라고 하면 범재들은 대부분 없다고 대답한다. '혁신' 하면 토머스 에디슨, 스티브 잡스, 정주영 같은 사람들이나 할 수 있는 일이라고 생각하기 때문이다. 하지만 우리 범재들의 삶에도 분명 혁신의 동력은 있다. 다만 혁신의 크기와 파급력 측면에서 혁신가들과 차이가 날 뿐이다. 범재들이 경험한 혁신 사례는 그들의 성취 스토리에 숨어 있기 마련이다. 결과는 마찬가지였다. 범재들의 성취 스토리에도 자신의 흥미, 강점, 지향점이 물밑에서 작동하고 있었고, 이 중 적어도 하나 이상은 세상의 필요와 맞물렸다. 아울러 그 연계가 공고할수록, 다시 말해 흥미, 강점, 지향점을 타협하거나 양보한다든지 내려놓지 않고 오히려 극대화하며 주변의 지지와 지원을 끌어낼수록 성공을 일궈낼 확률이 더 높았다.

필자들은 이 세 가지 요소가 유기적으로 얽힌 조합을 '**자기다움**'이라고 지칭한다. 자기다움을 구성하는 이 세 요소는 사람들이 삶에서 주체적으로 유쾌한 변화를 일궈가도록 만드는 강력한 원동력이다. 호기심 영역이 일의 실마리가 되고, 잘하는 것으로 성과를 내며, 소중히 가꾸어가는 가치와 신념이 세상에 선한 영향력을 미칠 때 우리는 열정과 몰입을 경험하게 된다. 그러다 보면 일터에서 존재감을 만끽할 수 있다. 자기다움은 곧 정체성이 만개한 모습인 것이다. 구성원의 자기다움

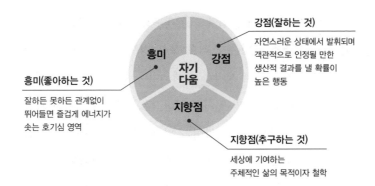

강점(잘하는 것)

자연스러운 상태에서 발휘되며
객관적으로 인정될 만한
생산적 결과를 낼 확률이
높은 행동

흥미(좋아하는 것)

잘하든 못하든 관계없이
뛰어들면 즐겁게 에너지가
솟는 호기심 영역

지향점(추구하는 것)

세상에 기여하는
주체적인 삶의 목적이자 철학

그림 3. 자기다움을 만드는 세 가지 요소

자기다움을 인식한다는 건 자기다움의 핵심 요소인 흥미, 강점, 지향점이 무엇인지
를 명확히 안다는 뜻이다.

이 일과 연계되어 조직에서 활성화되면 구성원은 더 큰 동기
를 안고 열정적으로 업무를 대할 수 있다. 새로운 시대를 맞이
하는 이때, 조직에서 다루는 일은 바로 이런 모습이어야 한다.

5장
매력적인 조직에는 '임플로이'가 없다

업의 주체가 되는 '자기다움러'

우리가 교과서에 배운 기업의 정의는 '이윤 추구를 목표로 삼는 조직'이다. 하지만 2019년 8월, 교과서 내용이 바뀔 만한 사건이 발생했다. 미국 200대 대기업 협의체인 비즈니스라운드테이블Business Roundtable에서 기업이란 무엇인지 새롭게 정의했기 때문이다. 기업은 단순히 주주의 이윤 극대화를 추구하는 일에만 그치지 않고 고객, 구성원, 협력 업체, 지역사회의 이익을 모두 고려해야 한다는 내용이었다. 쉽게 말해, 기업이란 사회적으로 가치 있는 일을 하며 이윤을 추구하는 조직이라는 것이다.

이런 거대한 변화의 파도 속에서 구성원도 조직에서 일하는 자신에 대한 인식이 바뀌었다. 이제 구성원은 단순히 고용주의 손발이 되어 고용주의 일을 처리해주던 피고용자, 즉 임플로이Employee가 아니라 스스로가 일을 매개로 세상에 의미 있는 영향력을 발휘할 수 있는 주체임을 실감하게 된 것이다. 일은 여전히 생계 수단이지만, 동시에 혼자서는 불가능한 위대한 업적을 달성하는 통로이기도 하다. 사고가 나더라도 사람이 다치지 않는 자동차를 만드는 일, 날아다니는 개인용 이동 수단을 개발하는 일은 개인이 평생 매달려도 도달하기 어려운 목표이지만, 기업이라는 조직의 구성원이라면 실현 가능한 목표이다. 이런 목표를 달성해가는 과정에서 구성원 개개인은 세상과 의미 있게 연결되는 존재감과 성장감을 만끽하게 되고, 기업은 세상에 좋은 영향력을 끼치는 동시에 이윤이라는 열매도 수확할 수 있게 된다.

환경을 해치지 않고도 집 안을 따뜻하게 덥힐 수 있는 에너지원을 개발하는 일, 가축이 아닌 식자재로 양질의 고기를 만드는 일, 손발을 잃은 사람들에게 로봇 기술로 손발을 대체해주는 일 등 세상에는 가치 있는 일을 하며 이윤도 추구하는 길이 펼쳐져 있다. 자신이 흥미를 느끼며 잘할 수 있는 영역을 찾아서 직장 동료들과 함께 가치를 추구하는 모습이 바로 자기다움의 발현이다. 이렇게 자기다움을 기반으로 일을 해 나갈 때 '세상에 있는지 없는지도 모를 나'에서 '세상에 선한 영향력을 발휘하는 나'로서 존재감을 얻을 수 있다.

철학자 알베르 까뮈는 "노동 없는 삶은 부패한다. 하지만 영혼 없는 노동은 삶을 질식시킨다."라고 말했다. 살기 위해 영혼 없는 일을 하고 싶은 사람은 없다. 지금껏 살기 위해 어쩔 수 없이 그렇게 일해왔지만, 이제 그런 일들에 사람들이 질식당하고 있다. 영혼을 담을 수 없는 일터로 매일 향하자니 얼마나 괴롭겠는가. 일은 단순한 생계 유지 수단을 넘어 세상과 의미 있게 연결되는 합목적적 존재감을 향유할 수 있는 기회이다. 구성원은 기업에 고용된 처지이지만, 고용주의 손발이 아니라 고용주와 '의미 있는 여정을 함께하는 동반자'이고 싶다. 필자들은 이런 이들을 가리켜 **자기다움러**('자기다움'에 사람을 뜻하는 영어 접미사 '-er'를 붙여서 만든 단어)라 부르고자 한다. 이들은 임플로이가 아닌 자기다움러가 되고 싶기 때문이다. 이렇게 구성원의 인식이 변화하는 추세는 조직과 리더십의 정체성 대전환의 전주곡이 되고 있다. 그렇다면 자기다움러들이 모여서 일하는 조직의 역동은 어떠할까? 그 역동을 만들어내는 리더십은 어떤 모습이고, 이전 조직과는 어떻게 다를까? 이 질문들을 위한 답을 세 가지 스포츠에 빗대어 살펴보자.

획일화가 아닌 '한 방향 정렬'

조정 경기는 물살이 없는 경기장에서 펼쳐진다. 파도가 거센 조정 경기장을 본 적이 있는가. 조정 경기는 원천적으로 물살이라는 변수를 통제한다. 그래서 파도가 이는 곳에서는 경기 자체를 진행할 수 없다. 물살과 파도가 없는 경기장에서 최고 스피드로 최단 거리를 주행할 수 있다면 승리는 보장된다. 유일한 변수는 선수들이 단합된 모습으로 최상의 근력을 발휘해서 최대한 빠른 시간 안에 정해진 거리를 이동할 수 있는지 여부이다.

그래서 조정 경기의 장면은 이렇다. 일단 선수들의 복장이 심플하다. 복장에 군더더기가 있을 이유가 없다. 속도가 관건이므로 배는 저항을 최소화하는 형태와 재질이며, 노의 생김새와 소재 또한 선수들의 근력을 극대화하도록 최적화되어 있다. 자리도 한 사람만 결승점을 바라보고 나머지는 결승점을 등지고 앉도록 배치한다. 결승점을 바라보고 앉은 사람이 조타수이다. 팀은 조타수 한 사람에게 승기의 요건 중 하나인 방향에 관한 모든 권한을 넘겨준다. 조타수는 배의 방향을 가늠하는 결정적인 영향력을 쥐고, 다른 선수들은 조타수가 제시하는 방향대로 성실히 자신의 근력을 왼편과 오른편에 안배해야 한다. 경기 도중에 나누는 대화도 그리 많을 필요는 없어 보인다. 아니, 오히려 그러면 안 될 것 같다. 말할 힘조차 노 젓기에 쏟아부어야 하기 때문이다. 일사불란함을 위해 선수들 사이의 위계는 필요하다. 결국 조정 경기에서 훌륭한 선수는 조타수가 제시하는 방향을 정확히 인지하고 협동 정신과 최상의 근력을 성실히 발휘해서 팀의 승리에 기여하는 사람이다.

그렇다면 래프팅은 어떨까? 래프팅은 조정 경기와 달리 강상류에서 하류로 내려오는 스포츠이다. 급물살은 거스를 수 없는 경기의 조건이다. 그러하기에 결승점까지 빨리 내려가야 하지만, 동시에 무사히 경기를 마치는 것도 중요하다. 급물살과 암초 등 경기 도중에 만나는 위험 요소가 많고, 이것들이 선수들에게 여과 없이 노출되기 때문에 선수들의 복장은 조정 경기와 사뭇 다르다. 안전모와 구명조끼를 착용해야 한다. 배도 충격에 강하고 방향 전환이 손쉬운 고무 재질의 유선형이다. 여기에 맞춰 노도 길이를 짧게 해서 방향 전환이 용이하고 부러지지 않도록 강한 소재로 만든다. 이 모든 조건은 경기 환경이 위험하기 때문이다. 래프팅은 모든 선수가 결승점이 있는 전방을 향해 앉는다. 그래서 래프팅 선수들은 조정 선수들보다 더 많은 대화를 나눌 수 있다. 어디서 어떤 급작스런 상황을 맞이할지 모르기에 모두가 본인이 확인한 사항을 빠르게 공유하고 전체가 대비할 수 있도록 조치해야 한다. 나름의 위계는 있겠지만 조정에서만큼 성공적인 경기를 하는 데 중요하지는 않다. 오히려 위계를 강조하면 소통의 장벽으로 작용해 팀 전체가 큰 위험에 부딪힐 수 있다. 또한 모두가 결승점을 바라보고 있어 리더에 대한 의존도 적다. 모두가 방향을 합의하고 상황 변화에 따라 최선의 방향을 제시할 수 있기에 주인의식이 고양될 확률도 높다. 래프팅에서 훌륭한 선수란 돌발상황을 빠르게 인식하고 적절한 판단을 내려 주변과 적극적으로 소통하며 협업하는 사람이다.

마지막으로 서핑을 살펴보자. 뭔가 앞의 두 경기와 확연히 달라 보인다. 우선 바다로 환경이 바뀌었다. 래프팅에 이어 통제되지 않은 날것 그대로의 환경을 경기장으로 사용한다. 경기장이 더 드넓고 급물살도 거세지만, 무엇보다도 거친 파도를 잘 탈 수 있는지가 관건이다. 선수들은 이제 함께 배를 타지 않고 각자 따로 보드를 탄다. 노를 젓지도 않는다. 온전히 자신의 몸으로 균형을 유지하며 파도를 이용해 동력을 얻는다. 공통의 결승점은 따로 없다. 파도가 없는 해변가에 이를 때까지 탁월한 퍼포먼스를 이어가는 것이 중요하다. 그렇다 보니 개인 하나하나의 기술과 몰입도가 조정 경기나 래프팅보다 훨씬 탁월해야 한다. 그래서 서핑은 조정과 래프팅에 비해 철저히 개별화된 형태를 띤다. 단체전이라 하더라도 조정이나 래프팅에서 관람할 수 있는 것과는 다른 양상을 보이는 이유이다. 각자 플레이를 하되 조화를 이뤄야 한다. 동료의 움직임에 서로 반응하며 즉각적이되 창의적인 하모니로 퍼포먼스를 만들어 내야 한다. 마치 정해진 악보 없이 악기 각각의 호흡으로 펼쳐지는 재즈 연주를 보는 것과 같다. 선수들 각자의 자유도가 높고 언제든 새 멤버와 새 팀을 꾸릴 수 있어 선보일 수 있는 결과의 독창성이 무궁무진하다. 그러려면 조정과 래프팅하고는 차원이 다른 소통의 질과 양, 형태가 구현되어야 한다.

여기에 선수 사이의 위계라는 것이 있을 수 있을까? 팀 플레이를 할 때는 누군가가 리더의 역할을 맡아야 할 수도 있다. 하지만 누구든 상황을 가장 잘 아는 선수가 리더십을 발휘하고, 상황이 변하면 리더 역시 언제든 바뀔 수 있다. 여기서 전통적 위계의 모습은 찾아보기 어렵다. 이런 측면에서 훌륭한 서핑 선수는 최고의 서핑 기술과 몰입을 바탕으로 누구와도 연결해서 최상의 퍼포먼스를 함께 만들어갈 수 있는 사람이다.

지금껏 대부분의 기업 구성원들은 마치 조정 선수들처럼 뛰어왔다. 결승점이 명확했고 승리의 요건이 분명했다. 변수는 많지 않았고 대부분 제어도 가능했다. 혜안을 지닌 카리스마적 리더의 지휘 아래 하나로 단합된 협동을 발휘하면 그것으로 충분했다. 하지만 산업사회에서 지식정보화 사회로 바통을 이어받은 기업들은 여기가 이제 더는 조정 경기장이 아니라는 사실을 깨달았다. 급물살과 암초에 부딪혀 보트가 전복되고 일등은커녕 생존 자체도 보장되지 않는 상황이 되었다. 보트 위 그 누구도 이 국면에서 자유로울 수 없기에 이제는 리더 한 사람에게 모든 것을 맡기기 어렵게 됐다. 복잡성과 그에 뒤따르는 위험이 증대되는 환경에서 획일화와 독단은 조직의 생존을 위태롭게 만들 수 있기 때문이다.

겨우 이런 상황에 조금 익숙해지고 있는데, 안타깝게도 우리는 또 다른 경기장으로 내몰리고 있다. 환경은 더 광활해지고 어디까지가 경기장인지 경계도 사라졌다. 각자 자기 보드를 타고 파도와 겨뤄야 한다. 자신의 기본적인 안전은 자신이 스스로 지킬 수 있어야 한다. 개별화를 토대로 고도의 협업을 펼쳐야 하는 새로운 조직의 모습이 필요해진 것이다. 이처럼 개별화 시대와 가장 가까운 조직은 구성원 하나하나가 개별 주체로서 자신의 존재감을 유지한 채 일에 몰입하는 형태이다. 자기다움러들이 공감하는 목표 아래 모여 만든 커뮤니티의 모습인 것이다.

자기다움러를 만드는 가치의 공식

빅블러 환경으로 변화하는 추세에서 조직이 지속 가능하기 위해서는 구성원 모두를 영향력을 발휘하는 주체로 만들어야 한다. 물론 현실적으로 **영향력**의 범위, 정도, 파급성 등의 차이가 있겠으나, 구성원 하나하나가 자신이 정의한 대로 자신만의 의미가 있는 영향력의 주체로서 존재감을 지니게끔 하는 것이 핵심이다. 바로 여기서 몰입이 생겨나기 때문이다. 어떻게 해야 이런 일이 가능할까? 이를 위해 우리 각 개인이 지니는 영향력의 동력이 어디에서 나오는지 살펴보자.

영향력은 어떻게 생기는가? 사실 영향력이란 말은 범인들보다 비범한 인물들에게나 어울릴 법한 단어로 흔히 간주된다. 세종대왕이나 이순신 장군, 토머스 에디슨, 기업가로는 정주영이나 스티브 잡스 정도는 되어야 떠올릴 수 있는 표현이라고들 생각한다. 조직에서는 리더와 핵심 인재들의 전유물쯤으로 여겨진다. 하지만 그렇지 않다. 영향력의 근간은 우리 각자의 내부에 있기 때문이다. 영향력에는 '안에서 밖으로'라는 명확한 방향성이 있다. 물잔이 차면 밖으로 흘러넘치듯이 말이다. 그러므로 먼저 우리 자신을 면밀히 들여다보아야 한다. 우리 각자의 자기다움, 곧 흥미, 강점, 지향점을 확인해야 한다.

이 자기다움을 세상의 필요와 연결해서 어떤 가치를 엮어 내야 할까? 다시 말해, 자기다움러가 지향해야 할 영향력의 모습이란 어떠해야 하는가? 예를 들어 살펴보자.

디지털의 주도로 복잡성이 난무하고 점차 경계가 사라지는 빅블러의 환경으로 변화하는 추세는 이제 지식정보화 시대를 넘어 지식정보의 홍수 시대로 우리를 몰아넣고 있다. 우리가 하루에 마주치는 광고의 수가 평균 3000여 개라는 통계도 있다. 수요자, 곧 잠재고객 쪽에서 보면 풍요이다. 어마어마한 선택지가 앞에 놓여 있다. 어찌 보면 풍요를 넘어 포화이다. 반면 공급자, 곧 기업 쪽에서 보면 극강의 경쟁이다. 2999개의 경쟁자를 따돌리지 못하면 바로 죽음이다. 그렇다면 이런 척박한 환경 어디에서 과연 경쟁우위가 나올 수 있을까? 알 리스Al Ries 와 잭 트라우트Jack Trout는 『마케팅 불변의 법칙』에서 "차별화하지 못하면 죽는다."라고 말했다. 포화의 시대에는 비슷비슷해서는 최종 낙점을 받을 수 없다. 단순히 개선된 정도로는 어림도 없다. 확실한 차이를 제안하지 못하면 간택되지 못한다. 그러므로 경쟁자들에게는 없는 차이를 확실히 부각해야 한다. 어느 부문이건 어느 영역이건 간에 말이다. 하지만 이것이 전부일까? 우리는 차별화된 신기술과 아이디어로 무장한 스타트업들을 주변에서 목격하곤 한다. 그런데 이상하게도 그들의 무기가 시장에서 성공을 거두지 못하는 안타까운 상황도 적잖이 보게 된다. 이유가 뭘까?

데릭 톰슨Derek Thompson은 자신의 저서 『히트 메이커스』에서 시장을 강타(히트)하는 것들의 공통점이 바로 "마야MAYA, Most Advanced, Yet Acceptable"라고 언급했다. 히트하려면 기존과 달리 진보적Advanced이되 수용할 만한Acceptable 수준이어야 한다는 말이다. 그러니까 급진적인 차이를 만들어내는 데 성공하더라도 그 정도가 결국에는 시장과 고객이 수용할 수 있는 임계점까지여야 한다. 이렇게 보면 스타트업들이 실패하는 주요인은 보유한 기술과 아이디어로 진보적인 면모를 부각시키는 일은 잘하지만, 정작 그 상품을 사줄 시장과 고객이 수용하도록 공감하게 만들지는 못했다는 데 있다. 미래학자 제러미 리프킨Jeremy Rifkin은 『공감의 시대』에서 "미래의 문맹은 글을 모르는 상태가 아니라 공감력이 없는 것이다."라고 강조하기도 했다. 그렇다면 풍요와 포화가 빚어내는 극강의 빅블러 시대에 영향력 있는 가치의 속성은 **세상에서 필요한 지점에 공감되는 차이가 만들어졌는지**가 된다.

$$\frac{\text{영향력 있는}}{\text{가치}} = \frac{\text{이전과 다른}}{\text{차이}} \times \frac{\text{진정성 있는}}{\text{공감}}$$

차이와 공감, 이 두 가지는 곱셈으로 연결된다. 그래서 둘 중 하나가 충족되더라도 다른 하나가 0이라면 온전히 영향력 있는 가치라고 할 수 없다. 영향력 있는 가치란 결국 '차이와 공감을 만드는 일'에서 구현된다. '차이와 공감이 공존'하도록 일할 때 거기에서 의미 있는 존재감을 얻고 선한 영향을 끼칠 확률이 높아진다. 이전과도, 남과도 다른 특유의 차이를 만들어내며 세상의 필요를 해결하는 데 긍정적인 영향을 끼친다면 그 일은 차이와 공감을 엮어낸 것이며, 여기에 관여한 개인들에게 존재감과 영향력을 제공하게 된다.

이제 자기다움러는 다음과 같이 정의할 수 있을 것이다.

'자신의 자기다움을 세상의 필요와 연결해서 차이와 공감의 스토리를 써가는 사람.'

자기다움 리더십: 통제와 관리가 아닌 탐색과 실험

직장은 이제 자기다움러를 꿈꾸는 구성원들의 활동 무대가 되어야 한다. 구성원들이 존재감과 영향력을 극대화할 수 있는 도구인 세상의 필요를 주로 직장에서 마주하기 때문이다. 물론 직장 말고도 자신만의 커뮤니티 활동에 참여하며 자기다움과 연결되는 세상을 만날 수 있다. 그렇긴 해도 하루 8시간 또는 그 이상을 투입하는 일터에서 자기다움러다운 기분을 만끽하지 못한다면 업무에 주도적으로 몰입하지 못하고 활력을 잃을 확률이 높다. 그래서 리더는 조직이 추구하는 세상의 필요, 즉 시장과 고객의 니즈가 무엇이고, 그에 맞춰 차이와 공감의 가치를 어떻게 창출할 것인지를 명확하고 매력적으로 제시하며 구성원의 자기다움과 이 밑그림이 매끄럽게 연결되게끔 환경과 풍토를 조성해야 한다. 구성원들이 일터에 와서 자기다움을 온전히 발휘하며 차이와 공감을 빚어내려면 조직 문화와 구조, 일하는 방식과 피드백 시스템을 '컴플라이언스Compliance 기반'에서 '커미트먼트Commitment 기반'으로, 그러니까 '통제 관리 체질'에서 '탐색 실험 체질'로 전환해야 한다.

통제 관리 체질 조직의 구성원이라면 행동하기 전에 일어날 만한 부정적 상황을 고심하고, 탐색 실험 체질 조직의 구성

이제 조직의 구성원도 임플로이가 아니라

일을 매개로 세상에

의미 있는 영향력을 발휘할 수 있는

주체임을 실감하고 있다.

일은 여전히 생계 수단이지만, 동시에

혼자서는 불가능한 위대한 업적을 달성하는

통로이기도 하다.

원이라면 행동한 후에 얻은 결과에서 긍정적 메시지를 확인한다. 환경이 비교적 덜 복잡하고 변화 속도가 완만하며 경쟁자의 정체가 드러난 상태에서는 통제 관리 체질이 유효했다. 대규모 조직을 거느리고 속도전에서 패스트팔로어 Fast Follower가 되려면 통제 관리 체질이 필수였다. 하지만 딱 거기까지다. 환경이 복잡하고 경계가 사라지는 빅블러 상황에서는 어떤 경쟁자가 시장에 뛰어들지, 기존 경쟁자가 어떻게 변신할지, 새로운 시장의 난이도가 어떠할지, 아무도 단언하지 못한다. 이런 조건에서 차이와 공감이라는 가치를 창출해내려면 조직 내부에서 활발하게 탐색과 실험이 맞물려 돌아가야만 한다.

탐색과 실험은 인간이 자기다움과 세상을 연결하기 위한 가장 자연스러운 충동이다. 탐색과 실험이 이끄는 대로 따라갈 때 동기 부여 및 즐거움과 연관이 있는 신경 전달 물질인 도파민이 분비되고, 그럴수록 우리는 더 깊이 몰입하게 된다. 날 새는 줄도 모르고 자신의 강점 분야에 매달린다든지, 흥미로운 기술과 아이디어를 찾아 다니며 어렵더라도 지향점을 달성하려는 노력이 하나같이 우리의 자기다움이 동력으로 작동한 결과이다. 자기다움이 일터에서 활성화되면 우리는 그만큼 더 큰 동기를 품고 열정적으로 목표를 향해 몰입하게 된다. 그렇게 살아 있다는 느낌이 더욱 생생해진다. 이렇듯 자기다움을 바탕으로 세상의 필요에 닿으려고 시도하는 탐색, 시도, 학습은 근원적으로 우리 인간 안에 설계된 삶의 방식이다. 아이들은 시키지 않아도 세상을 탐색, 시도, 학습한다. 세상을 대하는 아이들의 이런 모습은 이미 내재적으로 우리가 타고난 본성임을 말해준다. 그러므로 우리가 일하는 방식을 여기에 맞춰야 한다.

하지만 많은 기업 조직이 탐색 실험 체질로 전환하지 않고 있다는 점이 문제이다. 산업혁명의 물결을 타고 과학적 경영 관리 방식이 도입된 후 기업들은 학습하고 탐험하려는 인간의 자연스러운 충동을 억누르는 방향으로 흘러왔다. 앞서 살펴본 대로 관료제와 효율적인 경영 기법을 창조해낸 측정과 감시라는 수단이 수천, 수만 명의 거대 조직을 통제하게 됐다. 관리자들은 직원들이 협소한 업무에 집중하도록 만들어야 했기에, 일터에서 탐험하고 시도하며 자기다움과 세상을 연결하고 싶어 하는 구성원의 욕구를 억압하기 위해 규칙을 세우고 통제 시스템을 구축했다. 그 결과, 생산량이 늘고 불량은 줄었지만, 대신 직원들의 자기표현, 실험과 학습 능력, 최종 생산물에 대한 애착이 희생됐다. 결국, 대부분의 조직이 혁신 여정에서 구성원들을 제외시켰다. 상황이 이렇게 돌아가는데도 기업과 조직에서 '창의' '혁신' '몰입'을 요구하는 목소리는 여느 때보

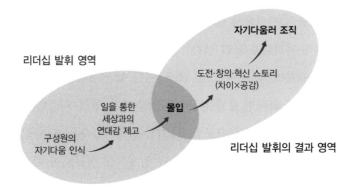

그림 4. 자기다움 리더십이 발현되는 과정

자기다움 리더십은 조직 구성원의 자기다움을 파악하고, 이를 리더십 발휘의 근간으로 삼는 데에서 시작된다. 그래야 구성원이 무엇을 의미 있게 생각하고, 또 세상과는 어떻게 연결될 수 있을지(연대) 확인한 다음 무엇을 지원해야 하는지 판단할 수 있기 때문이다. 구성원이 스스로 의미 있게 생각하는 것을 주체적으로 공유해 나가면 주도적인 변화와 선한 영향력의 동력을 끌어 올려서 일과 동료, 조직에 몰입하게 된다. 여기까지가 리더십이 발휘되는 영역이다. 몰입을 만들어낼 수만 있다면 탐색과 실험은 자연스레 이어지기 때문이다. 그렇게 일터는 남과 다른 차별적 가치를 찾아내고 고객에게 공감받기 위해 탐색하고 실험하는 모습으로 충만해진다. 조직의 로망인 창의와 혁신은 이렇게 나온다.

다도 높다. 모순적이며 안타까운 현실이다. 창의, 혁신, 몰입은 구성원의 자기다움이 온전히 일터에서 동력으로 작용할 때 얻을 수 있는 열매이기 때문이다.

따라서 자기다움러들이 뛰어 노는 탐색 실험 체질로 전환하기 위해서는 당연히 조직과 리더들은 구성원의 자기다움부터 서둘러 파악해야 한다. 그래야만 고객과 시장의 니즈와 구성원의 자기다움을 연결할 수 있지 않겠는가.

우리는 빨강, 주황, 노랑, 초록, 파랑, 남색, 보라, 이 일곱 가지 색상을 하나로 합쳐 검정색을 얻을 수도 있고, 적절히 배치해서 무지개를 띄울 수도 있다. 지금껏 우리는 일곱 가지 색상을 하나로 합쳐서 얻은 결과물인 검정색을 바라보며 감격하는 조직 생태계를 꾸려왔다. 조직은 검정색을 정답인 양 자신 있게 제시했고, 구성원들은 각자 자기다움의 색깔을 내려놓은 채 조직에서 내미는 검정색을 탁월하게 내사화Introjection(흉내내기)했다. 내사화가 잘될수록 장래가 촉망되고 핵심 인재로 분류될 가능성도 높아졌다.

> 내면화Internalization는 외부 자극과 경험을 행동 변화에 연결하는 과정으로 표현할 수 있다. 즉, 외부로부터 바람직한 모습과 역할에 대한 각본을 받아 알맞은 자리를 찾아가는 것이다. 인간에게는 태생적으로 성장과 발달을 향한 성향과 활력, 심리적 욕구가 있다. 따라서 내면화는 인간이 주도적으로 외부의 것을 내부의 것으로 전환하는 과정이라고 볼 수 있다.
>
> 예를 들어 아이가 쓰레기를 버리라는 부모의 지시를 점

차 자기 것으로 받아들여 나중에는 지시가 없어도 알아서 분리배출까지 하게 된다면 이는 부모의 지시를 내면화한 것이다. 어떤 직원이 '문제를 기존과 다른 관점에서 보라'는 리더의 이야기를 받아들여 나중에는 별도의 지시 없이도 문제를 다양한 관점에서 보게 된다면 그는 리더의 조언을 내면화한 것이다.

이렇듯 내면화는 외부에서 바로 주어지는 게 아니라 스스로 직접 이루는 것이다. 아이는 부모가 제안한 책임을 받아들였고 직원은 리더의 조언을 받아들였다. 부모와 리더는 매우 큰 영향력을 가지는 외부 환경요소이지만 내면화를 실제로 이루는 주체는 어디까지나 본인 자신이다.

여기서 한 가지 유념해야 할 점이 있다. 내면화와 유사한, 혼동을 일으키는 개념이 있다. 바로 '내사화Introjection'다. 내사화는 내면화되지 않았음에도 불구하고 그런 척하는 것으로서 겉으로 드러난 모습만으로는 내면화와 구분되지 않는다.

심리학자 프리츠 펄스Fritz Perls는 내사화는 뭔가를 소화하기보다 그대로 삼켜버리는 것이라고 했다. 내사화에는 내면화의 적절한 형태인 '소화 흡수' 과정이 없다. 엄격한 기준과 지침에 그저 허둥지둥 복종하는 상황이라면 내사화가 일어난 것이다. 이런 상태에서는 자율적으로 행동할 토대가 마련되지 못한다. 자율적으로 움직이려면 조직에서 제시되는 가치, 기준, 지침을 자기 것으로 받아들이고 자신의 일부로 만드는 과정, 즉 내면화가 있어야 하는 것이다. 이런 내면화 과정을 거친 후에야 비로소 중요하지만 당장 본인에게 흥미롭지 않은 행동, 즉 처음에는 충분히 동기 부여되지 않은 활동까지 책임질 수 있게 된다.

하지만 이제는 검정색만 가지고 빅블러 시대를 살아낼 재간이 없다. 지금은 구성원이 각자 자기다움의 색상을 잘 연결해서 무지개라는 가치를 창출해야 하는 시대이다. 기업과 조직이 요구하는 창의, 혁신, 몰입은 구성원의 자기다움을 존중하며 이를 조직에서 지향하는 고객의 필요와 연결할 때 비로소 나올 수 있다. 미래에도 여전히 조직이 지속 가능하려면 개별화와 다양성을 경영의 근간으로 세우고 구성원들에게 자기다움을 세상의 필요와 연결할 수 있는 기회를 제공해야 한다.

결국, 자기다움 리더십이란 이렇게 정의할 수 있다.

'일터를 자기다움러들의 담대한 도전과 창의, 혁신 스토리로 가득 채우는 포용력.'

여기서 놓쳐서는 안 될 점이 한 가지 있다. 일터에서 이런 리더십이 발휘되려면 구성원도 자신의 색깔, 즉 자기다움이 무엇인지 명확히 인식하고 조직 및 리더와 적극적으로 소통해야 한다는 것이다. 자신이 빨강인지 파랑인지 모르는 상태에서는 다른 색상들과 생산적인 상호작용을 나눌 수 없으며, 고객과 시장의 필요와 어떻게 연결해야 할지 알 수 없기 때문이다. 자기 삶의 지향점, 일하는 이유, 흥미와 강점이 무엇인지 제대로 알지 못하면 세상과 연결되어 선한 영향력을 만끽할 만한 동력을 꾸준히 피올릴 수 없다.

3부

주저 없이 나아가는
자기다움 조직

"정말 위대하고 감동적인 모든 것은

자유 안에서 일할 수 있는 이들이 창조한다."

— 알베르트 아인슈타인

6장
'이야기'를 쓸 수 있는 조직

성취를 넘어 성장으로

사람들은 일을 하며 살아가는 데 필요한 자원을 얻는다. 일한 대가로 돈을 받는 것이다. 이것이 일의 가장 기본적인 기능이며, 우리 삶에서 매우 중요한 부분이다. 그렇다고 사람들이 일을 하는 이유가 돈이 전부라고 하기에는 뭔가 아쉬움이 남는다. 그래서인지 사람들은 다른 무언가를 꼭 덧붙인다.

컨설팅 기업 딜로이트Deloitte가 직장인들을 대상으로 조사를 진행하며 "당신이 이룬 커다란 성과를 어떤 방식으로 인정

받고 싶은가?"라고 물었더니 그들의 절반가량이 "새로운 성장 기회"라고 답했다. 물론 임금 인상, 높은 평가 등급, 특별 수당 지급 등 흔히 예상되는 방식 또한 약방의 감초처럼 포함되긴 했다. 하지만 요즘 직장인들은 새로운 성장 기회야말로 여타 금전적/비금전적 보상을 포괄하고 견인하는 궁극의 인정 방식이라고 인식하는 것 같다. 가만히 살펴보면 임금 인상, 높은 평가 등급, 특별 수당은 일을 해서 얻은 결과로 결정되는 후행 지표인 반면, 새로운 성장 기회는 앞으로 나타나게 될 결과에 따른 선행 지표이다. 미래 지향성은 우리의 건강한 본능이다. 그래서 성장 기회의 보장을 비중 있는 인정 방식으로 보는 시각은 어쩌면 당연하다. 그렇다면 여기서 이 **성장**은 무얼 의미할까?

우선, 철학자 알베르 까뮈에게 도움을 받아보자. 그는 자신의 이상향을 향해 나아가는 여정이 성장이고, 이 성장을 위한 여정에 사람들이 영혼을 담는다고 보았다. 그래서 영혼을 담는 이 성장의 여정에 참여할 기회를 원천적으로 차단하면 그것이 바로 인간 소외라고 했다. 우리는 평생에 걸쳐 약 8만 시간에서 10만 시간을 일하는 것으로 알려져 있다. 그런데 이 긴 시간 동안 내내 영혼을 담는 풍요로운 성장 기회를 경험할 수 없다면 일터는 인간 소외를 절감하게 되는 가장 곤혹스러운 장소로 전락하지 않겠는가?

성장이란 자기다움에 걸맞게, 즉 자신이 자신으로서 커나가는 일이다. 그런 측면에서 성장은 통합의 이야기이다. 왜, 어떤 과정을 거쳐 누군가는 음악가로, 다른 누군가는 컴퓨터 프로그래머로 자랐는지에 관한 이야기이다. 그래서 성장 안에는 자신이 누구인지, 무엇을 중요하게 여기고, 무슨 일을 하고 싶고, 어떤 방향으로 나아가고 있는지를 둘러싼 이야기가 잘 통합되어 있다. 그런 까닭에 일터에서 이런 이야기들이 쓰일 수 있는지 여부가 일을 하면서 성장하는지 아닌지를 가르는 중요한 분기점이 된다.

당장의 배고픔을 모면해야 했던 과거에는 성취가 중요했다. 어느 분야에서건 성취가 가능한 부문에서 성과를 올려 자신과 가족과 국가의 부를 축적해야 했기 때문이다. 그 시절에는 고등교육을 받은 학생들이 졸업하는 시기에 맞춰 대규모로 공개 채용을 진행하는 것이 여러모로 합리적인 선택이었다. 채용 절차에 따른 비용도 절감될뿐더러, 적당히 똑똑하고 뭐든지 할 준비가 된 신입 직원들에게 업무에 필요한 교육을 제공하는 정도만으로도 충분했다.

그에 따라 회사 조직의 잠재적 지원자인 학생들 또한 성취 지향적으로 길들여졌다. 학생들은 왜 대학에 가야 하는지, 어떤 공부를 하고 싶은지 스스로에게 묻지 않고 오직 성적을 올리려고만 애썼다. 대학에 진학해서도 상황은 마찬가지이다. 자신이 어떤 사람이고, 무엇을 중요하게 여기고, 무슨 일을 하고 싶은지 고민하기보다는 학점, 입상, 인턴 경력 등 소위 스펙을 쌓기에만 열중한다. 자신이 어떤 사람인지 깨닫고 그에 맞춰 성장하는 것보다는 단지 남들보다 더 많은 성취를 일구는 일이 중요했다.

하지만 지금은 많은 것이 달라졌다. 오늘날 단순히 배고픔을 모면하기 위해 일하는 사람은 많지 않다. 대기업 사원이라는 명함이 가져다주는 자부심은 이제 더는 적성에 맞지 않은 일을 물고 늘어지는 인내심으로 이어지지 않는다. 넷 중 한 명이 입사 1년 이내에 퇴사하는 현실이 이를 방증한다. 적성에 맞지 않는 부서에 배치되면 요새 젊은이들은 참고 기다리지 않고 사표를 낸다. 실제로 잡코리아에서 조사한 결과를 보면 조기 퇴사한 이유로 가장 많이 꼽은 요인이 '직무가 적성에 맞지 않아서'였다.

하지만 성취에서 성장으로 패러다임이 전환될 필요가 있는 이유는 단지 퇴사를 줄이기 위해서만이 아니다. 이는 기업의 생존과도 직결되는 문제이기 때문이다. 오늘날 글로벌화에 따른 범세계적 경쟁과 기술 집약적 산업 구조를 맞닥트린 기업이 적당히 잘하는 인재를 데리고 활로를 개척하기란 어렵다. 프로젝트를 잘 마무리해서 성취를 하나 맛보고 끝낼 것이 아니라, 그 경험이 또 다른 성장의 밑거름이 될 수 있도록 구성원을 지원해야 한다. 자신이 맡은 업무가 곧 자신이 하고 싶은 일이 되고, 스스로가 바라는 인재상대로 성장하는 과정은 그 자체로 엄청난 동기 부여가 된다. 돈을 받으며 하고 싶은 일을 하는 것 아닌가.

성장, 복잡성을 다루는 능력의 발달

그렇다면 이 빅블러 시대에 성취를 넘어 성장을 지향하는 조직의 모습을 갖추려면 어떤 노력이 필요할까? 조직심리학자 미하이 칙센트미하이Mihaly Csikszentmihalyi의 관점을 살펴보자. 그는 복잡성을 다루는 능력이 발달하는 과정을 성장이라고 정의했다. 21세기 환경에서는 기존의 모든 것이 변화할 수 있고, 전제로 삼은 것이 무효로 돌아가며, 이합집산이 일상화되고, 서로 간의 경계가 사라지는데, 이런 환경의 속성을 감안하면 왜 복잡성을 관리하는 능력의 발달이 성장이라고 했는지 더 공감이 된다. 복잡해지는 환경과 상황에도 생존하려면 이 복

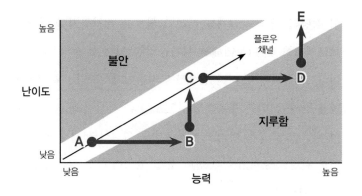

그림 5. 플로우 모델

불안과 지루함은 성장으로 가는 여정의 핵심적 걸림돌이다. 능력 밖의 감당하기 어려운 일을 강요당하면 고강도 스트레스를 겪고, 단순 노동이 기약 없이 반복되면 권태와 무력감이 들기 때문이다. 미하이 칙센트미하이는 난이도와 능력의 절묘한 줄타기를 제안한다.

잡성을 다루는 능력이 필요할 테니 말이다.

미하이 칙센트미하이는 '플로우 모델'을 제시했는데 여기서 빅블러 시대의 성장 개념을 고찰해볼 수 있다. 현재 능숙한 일만 기약 없이 처리하다 보면 지루함과 마주칠 것이다. 그렇다고 늘 새로운 일에 도전해야 한다면 불안과 걱정을 만날 수밖에 없다. 지루함과 불안의 연속 중 무엇도 성장에 이롭지 않다. 〈그림 5〉에서 A, C, E는 이 줄타기의 적정 지점인데, 칙센트미하이는 이 골든존Golden Zone을 플로우채널Flow Channel이라고 불렀다. 즉, 지금의 능숙함은 언젠가 지루함의 원인이 될 텐데(A에서 B 혹은 C에서 D로 이동), 적절한 시점에 이른바 생산적 긴장감을 안겨줄 수 있는 도전거리가 제시된다면 플로우채널을 탈 수 있다는 것이다.

일의 미래

그렇다면 구성원에게 도전할 기회를 갖게 한다는 것은 리더가 그들에게 무얼 어떻게 하도록 한다는 것일까? 단순히 업무 난이도가 높다고 도전 기회가 될까? 이 질문의 답을 알아보기 위해 잠시 일의 종류와 경험의 기회를 구분해서 살펴보자.

커네빈 프레임워크 모델Cynefin Framework Model에 따르면 일은 다섯 가지 영역으로 대별된다. 이 중 불명확한 일은 실체가 없는 개념상의 구분이기에 제외하면, 우리가 마주하게 되는 일은 단순한 일, 혼잡한 일, 복잡한 일, 혼돈한 일의 네 가지이다. 단순한 일은 상황을 감지해서 적절하게 범주화하거나 분류하는 선에서 처리할 수 있는 유형을 말한다. 혼잡한 일은 그런 정도로는 처리할 수 없는 유형으로 분석이 필요하다. 복잡한 일은 상황을 감지하는 것 자체가 쉽지 않다. 상황을 감지하

전

```
3. 복잡한 일 Complex          4. 혼돈한 일 Chaotic
   탐색 – 감지 – 대응              행동 – 감지 – 대응

              5. 불명확한 일

1. 단순한 일 Simple           2. 혼잡한 일 Complicated
   감지 – 분류 – 대응              감지 – 분석 – 대응
```

그림 6. 커네빈 프레임워크 모델

본래 커네빈 프레임워크는 문제 영역을 구분한 모델이다. 필자들은 일을 '문제 해결'이라 보았기에 커네빈 프레임워크의 문제 영역 구분을 일의 속성 구분으로 제시하였다.

려면 창의적 추론과 시뮬레이션을 돌리며 탐색부터 해야 한다. 그 과정에서 실마리를 발견하면 그때 비로소 상황을 감지하게 된다. 마지막으로 혼돈한 일은 탐색만으로는 상황을 감지하기 어렵다. 처음 마주하는 유형이라 추론과 시뮬레이션 자체가 의미 없다. 일단 시도하고 도전해야 한다. 그러고 나서 돌아오는 피드백을 살피며 상황을 감지하고 대응해야 한다. 이렇게 볼 때 단순한 일과 혼잡한 일은 점점 빠른 속도로 AI에게 넘어갈 것이다. 하지만 탐색과 시도가 일 처리의 핵심인 복잡한 일과 혼돈한 일은 당분간 여전히 우리가 맡아야 할 영역으로 남을 것이다. 이는 곧 리더가 구성원들과 함께 머리를 맞대고 풀어가야 할 과제가 복잡한 영역과 혼돈한 영역의 일이라는 얘기이다.

그렇다면 일터에서 마주치는 도전적 경험 기회라는 것을 우리는 어떻게 봐야 할까? 두 가지를 생각해볼 수 있다. 하나는 구성원이 단순한 영역과 혼잡한 영역의 일에 파묻혀 지루함에 신음하도록 방치하지 않고 적절한 긴장감을 느낄 수 있도록 복잡하거나 세상에 없던 영역의 일을 맡겨서 탐색하고 실험하고 시도해보도록 유도하는 것이다. 다른 하나는 지금 수행하는 업무가 비록 단순하거나 혼잡한 정도의 일이라 하더라도 여느 때와는 다른 결과를 내려면 일에 접근하고 처리하는 방식을 어떻게 바꿔야 할지 궁리하고 도전하는 것이다. 꼭 복잡하고 창조적인 업무를 맡겨야만 도전적인 경험 기회를 제공한다고 할 수는 없다. 매번 그런 기회를 만들기도 어렵거니와 그런 기회가 있다 쳐도 모두에게 골고루 배분할 수는 없는 노릇이니까 말이다. 그래서 지금 맡은 일이 무엇이건 기존과 달리 탐색하고 실험하고 시도해볼 수 있는 기회를 제공하고, 실패에서 교훈을 찾을 수 있게끔 권장하는 풍토를 마련하는 것이 중요하다. 이런 풍토에서는 창의와 혁신의 대상 또는 실행을 위한 도구 같은 존재였던 구성원들이 창의와 혁신의 주체가 된다. 소수의 경영자와 리더들이 독점하던 창의와 혁신이 구성원 단위로 민주화되는 것이다. 이런 창의와 혁신의 풍토를 조성하기 위해서는 두 가지 핵심 걸림돌을 반드시 제거해야 한다.

창의 혁신 조직이 되지 못하는 두 가지 이유

일반적으로 창의와 혁신을 구분하지 않고 마치 한 단어처럼 병기하여 사용하는 경우가 많다. 하지만 이 둘은 다른 개념이다. '창의'가 독특한 아이디어를 도출하고 이를 커뮤니케이션하는, 이른바 독창성이 중시되는 과정이라면, '혁신'은 이를 실질적으로 구현해내는 여정과 관련되어 있다. 창의 단계에서 나온 아이디어를 유용한 결과물로 실현해내는 프로세스, 그리고 아이디어를 실현해내기 위해 요구되는 환경과 여건, 상황 등을 변화시키는 일체의 행위를 이른다. 즉, 혁신은 효과성에 무게를 두는 개념이다.

조직의 지속가능성과 경쟁력을 담보하는 데 있어 독창적 아이디어를 생성하는 것과 이를 실제 맥락 속에서 구현해내는 효과성은 별개로 생각할 수 없다, 이는 두 개념을

'창의 혁신'으로 병기하는 이유이기도 하다.

하지만 지금껏 많은 조직이 창의가 담보되지 않은 상황에서 혁신을 강행하는 모습을 보여왔다. 독특한 아이디어의 발아를 위해 다양하고 유연한 사고가 가능한 환경을 지원하고 조성하는 창의의 토양이 조성되지 않는다면, 이 신생 아이디어가 실질적으로 구현될 수 있도록 조직의 구조, 일하는 방식, 지식 자원 관리, 실패 관리 시스템과 프로세스에 초점을 두는 혁신 단계도 불가능해진다. 이런 방식으로 많은 조직이 실제로는 이전에 했던 것을 부분적으로 수정하는, 이른바 '개선'에 머무르게 된다. 창의 토양이 없는 상태라면 안타깝게도 개선을 혁신이라 착각하게 되는 상황에까지 이를 수 있는 것이다.

조직이 탐색과 실험이 강같이 흐르는 안전한 실험실이 되려면 창의와 혁신의 풍토가 먼저 갖추어져야 한다. 진정으로 창의를 추구하는 조직만이 탐색과 실험을 용인할 수 있기 때문이다. 하지만 많은 조직이 창의 혁신 풍토를 가로막는 핵심 걸림돌을 인식조차 하지 못하고 있다. 그 핵심 이유 두 가지를 살펴보자.

창의 혁신 풍토를 조성하는 데 실패하는 첫 번째 이유는 창의를 평가와 보상의 대상으로 착각하기 때문이다. 창의성은 절차와 규칙을 따를 때 얻을 수 있는 것이 아니다. 선진 IT 기업들은 업무 공간의 형태를 획기적으로 바꾼다든지, 업무 스타일과 업무 시간을 직원들 스스로 결정하게 하는 등 직원들의 창의성을 촉진하기 위한 해법을 여러 가지 시도해왔고 어느 정도 효과를 거뒀다고 알려졌다. 하지만 대부분의 국내 기업은 이런 물리적 업무 환경의 조성보다는 인사 제도로 조직 내 창의성을 담보하려는 경향이 있다. 결국 기업들은 직원의 창의성을 평가해서 보상이나 승진에 반영하겠다는 악수惡手를 두고 만다. 창의성에 대한 평가 보상, 이것이 왜 악수일까? 하버드대학교의 심리학자 테레사 애머빌Teresa Amabile의 실험을 통해 그 이유를 살펴보자.

애머빌과 동료 학자들은 브랜다이스대학교에 재학 중인 여학생 40명을 대상으로 창의성에 대한 평가를 받을 것이라는 예상이 창의성에 어떤 영향을 미치는지 실험했다. 애머빌은 학생들에게 제공된 재료만을 써서 개인별로 콜라주 작품을 만들라고 요청했다. 그런 다음, '평가 여부'와 '청중 여부'라는 두 가지 요소를 바탕으로 네 가지 실험 조건을 설정했다. 먼저 '평가-청중' 조건에 무작위로 배정된 학생들에게는 한쪽에서만 보이는 거울 뒤에 미술가 네 명이 앉아 학생들이 콜라주를 만들어가는 과정을 지켜보며 작품을 평가할 것이라고 일러주었다. '평가-무청중' 조건의 학생들에게는 콜라주 작품이 완성되면 미술가들이 평가를 하겠지만 만드는 과정을 지켜보지는 않을 것이라고 말했다. 반면 '무평가-청중' 조건의 학생들에게는 지켜보는 사람들은 있으나 작품을 평가하지는 않을 것이라고 알려주었다. 마지막으로 '무평가-무청중' 조건의 학생들에게는 작품을 평가한다거나 자신을 지켜보는 청중이 있는지 없는지에 대해 아무런 언급도 하지 않았다.

학생들이 콜라주 작품을 만든 후, 애머빌은 10명의 미술가들에게 평가를 의뢰했다. 결과는 어땠을까? 평가를 한다는 것을 몰랐던 집단의 창의성 점수가 더 높았다. 무평가-무청중 조건의 학생들은 창의성 점수가 24점에 근접한 반면, 평가-청중 그룹의 점수는 19점에도 미치지 못했다. 말하자면, 평가를 받는다는 사실만으로도 집중력이 분산되어 창의성이 떨어지는 작품을 만들게 된다는 것이다. 콜라주 만들기가 끝나고, 연구자들이 평가 그룹 학생들을 대상으로 설문조사를 한 결과에서도 평가의 부정적인 측면이 드러났다. 평가 그룹 학생들은 무평가 그룹보다 불안감을 많이 느꼈고, 작품을 만드는 동안 미술가가 어떻게 평가할지 그 결과에 신경이 쓰였다고 응답했다. 애머빌의 실험에서도 볼 수 있듯, 평가는 창의성 제고에 도움이 되기는커녕 오히려 창의성 발휘를 저해했다. **창의성을**

평가하고 보상하는 방식이 오히려 혁신의 걸림돌이 될 수 있다는 얘기이다.

뭔가를 새롭게 도입하고자 할 때 산업시대의 틀에서 사고하는 경영자들은 대부분 위기의식을 강조하고 "하면 된다."라는 구호로 구성원을 지휘하려 한다. 조직의 창의성을 높이는 일에도 강압적이고 중앙 집권적인 방법을 사용하려는 것이다. 산업시대의 성공 요소였던 '빨리빨리 문화'가 창의성의 향상에도 먹히리라는 환상을 품고 있다. 창의는 '관리'될 수 있는 대상일까? 그렇지 않다. 평가와 보상이라는 통제적이고 강제된 장치에서 나온 아이디어는 기술적으로는 좋아 보여도 전혀 창의적이지 못하다. '평가로 관리되는 창의'라는 말 자체가 논리적 모순이다. 창의가 관리될 수 있다면 이미 그것은 창의가 아니다.

우리가 살펴야 할 부분은 여기서 그치지 않는다. 설령 평가로 어떤 직원이 창의적인지 가늠하고 관리할 수 있다 쳐도 현재 대부분의 조직에서는 창의적인 직원들이 알게 모르게 승진에서 불이익을 당하고 조직의 주축으로 성장하지 못하고 있기 때문이다. 창의적 조직이 되지 못하는 두 번째 이유는 바로 이 창의에 대한 이중 잣대에 있다.

제니퍼 뮬러Jennifer Mueller의 실험은 직원이 창의적일수록 잠재적 리더십 역량은 낮게 평가된다는 다소 충격적인 사실을 보여준다. 뮬러는 194명의 학생들을 두 그룹으로 나누고 한 그룹은 아이디어 제시자, 다른 한 그룹은 평가자로 구분했다. 그리고 다시 아이디어 제시자를 둘로 나누어, 한 그룹에는 '참신하고 유용한' 아이디어를 구상하도록 하고, 다른 그룹에는 '유용하지만 참신하지 않은' 아이디어를 생각하도록 했다. 아이디어 제시자들에게 공개한 질문은 "항공사가 더 매출을 늘리기 위해 승객들에게 무엇을 할 수 있을까?"였다.

아이디어 제시자들이 평가자들 앞에서 10분 동안 자신의 아이디어를 프레젠테이션 하면 평가자들은 아이디어의 창의성, 참신성, 유용성뿐 아니라, 제시자의 잠재적 리더십을 세 가지 측면에서 평가했다. 분석 결과, 참신하면서도 유용한 아이디어를 제시한 참가자들은 유용하기만 한 아이디어를 내놓은 참가자들보다 평가자들로부터 더 창의적이라는 평가를 받았다. 하지만 이상하게도 잠재적 리더십 점수는 훨씬 낮았다. 학생을 대상으로 한 실험이라는 한계점 때문이 아닐까 해서, 이후에 뮬러는 인도 중부에 있는 다국적 정유회사 근무자들을 대상으로도 같은 실험을 반복했는데, 놀랍게도 결과는 같았다. 창의적인 인재를 요구하는 시대 흐름인데도, 창의적인 직원들은 리더로서 잠재력이 부족할 것이라는 고정관념이 실제로 매

영향력 있는 가치란 결국

'차이와 공감을 만드는 일'에서 구현된다.

이전과도, 남과도 다른 특유의 차이를 만들어내며

세상의 필요를 해결하는 데

긍정적인 영향을 끼친다면

그 일은 차이와 공감을 엮어낸 것이며,

여기에 관여한 개인들에게

존재감과 영향력을 제공하게 된다.

우 견고하게 자리 잡고 있다는 증거이다.

관성을 깨뜨리고 아직 증명되지 않은 아이디어를 제시한다는 이유로, 창의적인 직원은 조직에 불확실하고 불편한 존재라는 인상을 품고 있진 않은가? 기업이 급변하는 환경에 기민한 속도로 대응하며 변화하지 못하는 이유 중 하나는 기존 패러다임을 부정하고 새로운 해법을 제시하는 인재가 부족해서가 아니다. 창의적인 직원들을 리더의 위치에서 알게 모르게 제외해버리는 뿌리 깊은 고정관념 때문이다. 왜 이런 고정관념이 고질적일까? 리더의 자리에 오르기 위해서는 '튀지 말고' 조직의 규율과 논리를 따라야 한다는 인식, 즉 조직에 순응하는 성향이 더 필요하다는 암묵적 전제가 도사리고 있기 때문이다. 이런 생각으로는 체질을 전환해서 조직을 안전한 실험실로 만들 수 없다.

위계가 없어진 자리, 모닝스타의 창의 실험

100년이 넘도록 평균주의가 표준으로 자리 잡아온 제조 업계에서 각 구성원의 자기다움에 주목하고 이를 바탕으로 새롭고 탁월한 성취를 일궈가는 기업이 있다. 바로 식품 제조업체 모닝스타Morning Star Tomatoes이다. 1970년 크리스 루퍼Chris Rufer가 설립한 모닝스타는 트럭 한 대에 토마토를 싣고 운반하던 작은 회사로 출발했다. 현재는 캘리포니아주 우들랜드에 본사를 두고 있고 200대가 넘는 트럭과 수천 명의 직원을 보유하고 있으며 미국에서 연간 소비되는 토마토 제품의 40퍼센트를 생산하는 세계 최대 토마토 가공 회사로 도약했다. 캠벨의 토마토 수프, 라구 스파게티 소스, 하인즈의 케첩을 샀다면 모닝스타의 제품을 원료로 가공한 제품일 가능성이 높다.

모닝스타도 당연히 테일러리즘과 평균주의 모델에 따라 경영하리라 생각할 수 있다. 이곳저곳 흩어져 있는 토마토 산지와 공장들에서 매년 수억 톤에 달하는 토마토를 가공 처리하는 복잡한 과정을 거칠 텐데, 그럼에도 업계 최저 가격을 지켜간다는 것은 효율적인 운영이 고도화되어 있지 않으면 불가능한 일이겠기에 그렇다. 하지만 놀랍게도 모닝스타에는 효율성을 관리하는 관리자가 한 명도 없다. 그러므로 당연히 위계 서열도 없다. 구성원 개개인이 모든 것을 자율 관리한다는 경영 철학을 내세우기 때문이다. 이런 가치가 과연 어떻게 현장에서 작동할까?

모닝스타에는 직원 개개인의 자기다움에 맞춰 자율과 책임을 최적화하는 '클루CLOU, Colleague Letter Of Understanding'라는 것이 있다. 이른바 '개인별 임무 기술서'이다. 여느 조직들이 사용하는 직무 기술서에는 해당 직무와 관련해 회사에서 요구하는 역량과 업무 수행 규칙 등이 세세히 담긴 것과 달리, 모닝스타의 개인별 임무 기술서는 업무의 주체인 직원이 업무는 물론 동료들과도 어떻게 의미 있게 연결될 수 있을지 고민하도록 유도한다. 직원들은 제각기 자신의 임무 기술서를 작성해서 회사의 임무 전반에 어떻게 기여할 계획인지 설명하고 포부와 목표를 밝힌다. 또한 자신의 특장점은 무엇이고, 이런 요소가 맡은 업무에 어떻게 기여할지도 상세히 기록한다. 더욱 놀라운 점은 해당 직원의 목표와 활동으로부터 영향을 받을 만한 모든 직원이 그 기술서에 서명해줘야 한다는 것이다. 관련 있는 동료가 모두 승인해야 비로소 업무 수행에 필요한 자원을 사용할 수 있다. 직원들은 상사가 아닌 자신을 믿어준 동료들을 실망시키지 않기 위해서라도 책임감을 안고 목표를 달성하려고 최선을 다하게 된다.

> 모닝스타 임시직 직원이었던 그린의 사례를 살펴보자. 그린은 일명 피니셔Finsher라는 역할을 맡게 됐다. 커다란 금속 원통 안에 토마토를 넣고 회전시켜서 토마토 즙의 손실을 최대한 낮추면서 껍질을 벗겨내는 역할이었다. 맡은 일

이 곧 지루해지겠구나 하는 생각이 들었지만, 입사 첫날 오리엔테이션 자리에서 회사 업무를 촉진할 수 있는 아이디어가 있고 거기에 영향을 받게 될 동료 직원들로부터 좋은 생각이라는 공감을 얻어낼 수만 있다면 원하는 대로 자유롭게 업무를 변경할 수 있다는 안내를 받았다. 그린은 곧 피니셔의 세팅을 다른 식으로 바꾸면 토마토 껍질을 더 효율적으로 벗겨낼 수 있지 않을까 궁리하게 됐다. 자신이 이전에 잘해왔던 경험과 자신의 강점들을 활용해 실험해볼 만한 방법을 상세하게 임무 기술서에 기입했다. 갓 입사한 공장 임시직이 매일매일의 공장 운영에 없어서는 안 될 값비싼 장비를 상대로 독자적인 실험을 감행한다면 대다수 회사에서는 해고당하기 십상일 것이다. 하지만 그린은 자신의 피니셔 사용법 개선안의 영향을 받을 만한 동료들 모두에게 자신의 의견과 실험 계획을 상세히 설명했다. 자신의 강점과 그간의 경험도 공개하며 좋은 결과를 낼 수 있다고 설득했다. 그리고 마침내 지지를 얻어냈다. 몇 개월에 걸쳐 여러 대의 피니셔를 서로 달리 세팅해서 돌려보며 그 결과를 기록한 그린은 결국 효율성이 25퍼센트 향상되는 새로운 세팅 방식을 한 가지 확인했다. 회사는 곧바로 모든 기계를 그 새로운 세팅 방식대로 조정했고, 얼마 뒤에 그린은 정직원으로 채용되었다.

한 직원이 던지는 모든 제안이 조직에서 쉽게 받아들여지겠는가? 또 관련된 동료들 모두에게 지지를 얻어낸다는 것이 어디 쉬운 일이겠는가? 하지만 모닝스타는 직원들이 이런 탐색과 실험 속에서 스스로를 업무와 단단히 연결하고 주변 동료들과도 친밀하게 연대하도록 유도한다. 조직 안에서 정보가 자연스럽게 흘러 다니고 구성원이 서로 긴밀히 소통하기에, 집단지성을 발휘하는 데 꼭 필요한 공유, 공감, 연결이 깊이 스며들게 된다. 이런 여정을 계속하는 동안 내내 구성원 개개인이 조직 안에서 자기다움을 존중받고 있다는 느낌은 깊어지고, 그 결과 조직과 동일시하는 경향도 강해진다.

모닝스타 구성원들이 조직에서 받는 공통된 느낌은 무엇일까? 바로 존중이다. 회사가 진정성을 담아 구성원 하나하나에게 초점을 맞추고 그들 각자의 자기다움이 일과 연결될 수 있도록 성장 기회를 제공하며 지원을 아끼지 않기 때문이다. 이런 풍토에서는 구성원들이 마치 그 업무를 위해 태어난 사람인 양 창의와 혁신의 주체자로 행동하게 된다.

모닝스타 이야기에서 새겨야 할 점은 무엇일까? 하나는 탐색과 실험, 새로운 시도가 일상화되려면 맡은 일의 의미가 무엇인지를 회사와 개인 모두의 관점에서 명확히 인식해야 한다는 점이다. 또 하나는 반드시 구성원이 주도해서 업무를 실행하도록 해야 한다는 점이다. 그러기 위해 모닝스타는 남다른 직무 기술서를 고안해서 구성원들이 자연스럽게 업무에 도전하고 주도적으로 일하게끔 유도했다. 남들이 한다니까 또는 트렌드를 좇아서 관리자를 없앤 것이 아니라, 관리자가 개입할 필요가 없기에 위계를 지운 것이다.

속도와 효율은 닫힌 통제 관리 시스템에서 자라나고 창의와 혁신은 열린 탐색 실험 시스템 안에서 숙성된다. 물론 통제 관리 시스템 안에서도 창의와 혁신을 이야기할 수는 있다. 하지만 위계의 꼭대기에서만 누릴 수 있는 전유물이 되기에 딱 그만큼에 그칠 뿐이다. 빅블러 시대에 맞서려면 구성원 모두가 창의와 혁신의 주체가 되어야만 한다. 창의와 혁신의 민주주의 풍토가 기업 조직에 꽃피어야 할 이유이다.

'창의'를 가리키는 영어 단어로 두 가지를 떠올릴 수 있다. 하나는 '크리에이티비티Creativity', 다른 하나는 '오리지널리티Originality'이다. 사용 빈도로 보면 우리 주변에는 크리에이티비티가 더 많이 눈에 띈다. 하지만 창의력, 창조력의 의미보다 독창성, 독창력, 진품 등의 뉘앙스를 풍기기 위해서는 오리지널리티를 더 찾게 된다. 왜일까? 세상에 없던 것을 내놓는다는 측면에서는 크게 다르지 않지만 오리지널리티에는 창의의 주체가 지니는 자신만의 고유성과, 이를 기반으로 한 차별화되는 가치에 대한 강조가 더 묻어나기 때문이다.

수많은 사람과 조직들은 미래에도 창의가 답이라 말한다. 하지만 미래의 창의는 크리에이티비티보다 오리지널리티가 되어야 할 듯하다. 우리는 각자 빨강, 주황, 노랑, 초록, 파랑, 남색, 보라의 오리진Origin들이기 때문이다. 우리는 모두 그 자체로 유일무이하고 진짜이다. 그래서 가장 자기다울 때 가장 독보적일 수 있다. 독보적 오리진임을 인식하는 순간 우리는 비로소 창의적이 된다.

7장
조직은 안전한 실험실이
되어야 한다

기업은 이제 긴 안목으로 존속할 수 있는 조직의 역동을 갖춰야 한다. 그러자면 고감도 고객 지향성이 필수인데, 이것은 자유롭고 유연한 탐색과 실험, 실패와 학습 속에서 나온다. 시장과 고객을 강력하게 끌어당기는 힘은 끊임없이 변화하고 역동적이어서 언제나 조직의 통제 관리 능력을 벗어나기 때문이다. 시장의 변화를 위협이 아닌 원동력으로 만들고 싶은가? 그렇다면 통제 관리 시스템이 아닌 시장과 고객이 조직을 이끌도록 유도해야 한다. 그러면 불쾌한 압박이 사라지고 쾌적한 끌림이 생기기 마련이다. 시장과 고객이 가져다주는 조절 능력보다 더 효과적이고 효율적인 장치는 없다. 그러려면 구성원들이 윗사람 눈치를 보는 대신 고객과 시장의 변화를 예의 주시하며 탐색과 실험 속에서 실패하고 학습하도록 조치해야 한다. 그래야만 조직이 안전한 실험실이 된다. 조직에 안전한 실험실 풍토를 구축하려면 어떻게 인식을 전환해야 할까?

실패를 과정으로 끌어안아라

앞서 언급한 대로, 자기다움 리더십이란 구성원 개개인이 자신의 자기다움을 세상의 필요와 연결하며 차이와 공감의 이야기를 써 나갈 수 있도록 돕고, 그렇게 해서 조직이 담대한 도전과 혁신의 이야기로 가득 차게끔 만드는 포용력을 말한다. 이런 도전과 혁신이 가능하기 위해서는 반드시 선결해야 할 과제가 하나 있다. 바로 실패를 대하는 인식을 바꾸는 것이다. 실패가 용인되지 않는 조직에서 미지의 세계를 향한 과감한 도전은 일어나지 않기 때문이다.

다행히, 그리고 당연히 최근 들어 실패를 바라보는 세상의 시각이 많이 바뀌고 있다. 구글은 실패한 프로젝트에 참여한 구성원들에게 보너스를 지급하고, 쓰리엠3M과 슈퍼셀Supercell

에서는 실패한 사람을 위해 파티를 열어주며, 혼다에서는 정기적으로 실패왕을 선발한다. 핀란드에서는 해마다 10월 13일에 교수, 학생, 벤처사업가 등이 모여 '실패의 날' 행사를 열기도 한다. 이제 더는 실패를 피해야 하고 자신과 분리해야 하는 대상으로 바라보지 않고 성공의 필수 과정으로 여기기 시작한 것이다.

실패를 대하는 이런 인식의 변화는 긍정적인 동시에 필연적이다. 산업의 체질이 근본적으로 달라졌기 때문이다. 과거 산업혁명 뒤에 이어진 산업화 시대에는 결핍을 해소하는 일이 중요했다. 사람들은 텔레비전, 냉장고, 자동차처럼 생활을 더욱 편리하게 해줄 많은 제품을 사고자 했고, 기업들은 이런 제품을 생산하느라 바빴다. 무엇을 만들어내야 하는지 비교적 목표가 명확했던 이 시기에는 효율성이 중요했다. 그래서 실패란 성공의 반대말이었고, 실패의 부재가 곧 성공이었다.

문제는 오늘날 우리가 빅블러 시대에 살고 있다는 점이다. 변화의 속도와 방향을 가늠하기 힘들어졌고, 과거에는 명확히 구분된다고 여겼던 업종 간 경계가 흐려지며 뒤섞이고 있다. 이제는 어디에서 새로운 부가가치가 창출될지 판단하기 어렵고, 자신의 경쟁 기업이 어디인지 파악하는 일조차 쉽지 않다. 그래서 어떤 제품을 어떤 경쟁 업체보다 더 빨리 더 좋게 만들어내야 하는지 그 목표를 설정하는 것 자체가 까다로워졌다. 그런 만큼 빠르게 자주 시도해보고 계산된 실패를 거듭하는 것이 필수 과정이 되었다.

여기서 더 나아가 새로운 부가가치가 창출될 만한 영역은 엄청난 난이도의 기술을 요구한다. 예를 들어, 스페이스엑스 SpaceX가 2022년 민간인에게 제공한 우주여행 가격은 1인당 675억 원이었다. 향후 우주여행의 수요는 엄청나게 증가할 것으로 전망되지만, 이 사업에 뛰어들 만한 기술력을 갖춘 기업은 전 세계에서 손에 꼽을 정도이다. 우리에게 익숙한 반도체도 마찬가지이다. 삼성전자는 세계적인 반도체 강자이지만, 엔비디아에 납품할 5세대 HBM의 품질 테스트 통과에 많은 어려움을 겪었다. 과거에는 한 회사가 개발한 냉장고를 비슷한 수준으로 따라 만드는 일이 비교적 수월했지만, 오늘날 부가가치가 높은 제품은 그렇게 하기가 힘들다. 기술 장벽이 높은 만큼 자연스레 실패 횟수도 늘어난다.

오늘날 시장의 주도권을 잡고자 하는 기업은 남들이 생각해내지 못하는 혁신적인 아이디어나 경이로운 수준의 기술력을 보유해야 한다. 그만큼 이제 실패는 성공에 다다르려면 거칠 수밖에 없는 과정의 일부가 되었다. 성공하기 위해서는 실패할 위험을 감수하며 실패를 업무의 일환으로 적극 끌어안아

누군가의 실패가 목표를 향해 나아가는

도전임을 조직의 모두가 공감할 때

실패는 성공을 위한 교훈이 된다.

그래서 조직은 실패한 사람이 죄책감 대신

성공을 향한 열정을 안고

도전에 나설 수 있는 곳,

즉 '안전한 실험실'로 거듭나야 한다.

자기다움러들은 안전한 실험실에서 태어난다.

야만 하는 시대가 도래한 것이다. 이것이 오늘날 실패를 대하
는 인식의 전환이 일어나는 이유이다.

실패에 '다음 기회'를 제공하라

실패에 대한 이런 인식의 변화는 일단 환영할 만하다. 실패를
기피하고 두려워하는 문화에서 벗어나기 위해 필요하다면 실
패를 축하하는 파티를 열고 실패한 사람에게 상을 줄 수도 있
을 것이다. 실패는 분명 당연한 일이고, 오늘날과 같이 목표를
달성하기 어려워진 세상에서는 거칠 수밖에 없는 경험일 수도
있다. 하지만 실패는 그 자체로 좋은 덕목도, 적극적으로 추구
해야 할 가치도 아니다.

2023년 4월 20일, 스페이스엑스에서 유인 탐사용으로 제
작한 대형 우주선 스타십이 첫 궤도 비행 실험에서 발사된 지
4분 만에 공중에서 폭발했다. 자칫 우울하고 의기소침할 수 있
는 이 상황에서 스페이스엑스의 대표인 일론 머스크가 스타
십 발사팀에게 축하한다는 메시지를 남겼다는 이야기는 실패
를 대하는 인식의 변화를 언급할 때 단골처럼 등장하는 사례
이다. 하지만 일론 머스크가 트위터에 남긴 메시지는 이것이

전부가 아니었다. 축하한다는 말에 이어 그는 "몇 달 뒤에 있을 다음 테스트를 위해 많이 배웠다."라고 적었다. 바로 이것이 핵심이다. 실패를 축하할 수 있는 이유는 그 실패로부터 무언가를 배울 수 있기 때문이지 실패가 그 자체로 아름답고 가치 있는 덕목이어서가 아니다.

그래서 실패가 가치 있는 과정이 되기 위해서는 몇 가지 조건이 필요하다. 첫째, 진정성 있는 노력이 전제되어야 한다. 달성해야 할 목표가 있는데 이렇다 할 노력도 기울이지 않고 시간만 흘려 보내다가 맞닥뜨린 실패에서는 아무런 아름다움이 묻어나지 않는다. 둘째, 많은 사람에게 울림을 줄 수 있는 목표를 설정해야 한다. 일론 머스크가 스타십의 폭발을 축하할 수 있었던 이유, 그리고 많은 사람이 그 축하에 공감할 수 있었던 이유는 스페이스엑스가 인류의 한계를 극복하기 위한 대장정을 시작했기 때문이다. 만약 어떤 업체가 최고의 AI 목소리 변조 기술을 사용해서 대규모 보이스피싱을 시도하려다 실패했다면, 이를 기념할 사람은 없을 것이다.

마지막으로 실패에서 얻는 교훈이 있어야 하는데, 이 부분이 가장 중요한 조건이다. 그런데 여기서 곰곰이 생각해봐야 할 질문이 있다. 실패에서 교훈을 얻으려면 무엇이 전제되어야 할까? 그 교훈을 활용할 수 있는 다음 기회이다. 이런 상상을 해보자. 스페이스엑스는 지금까지 비행 실험을 10차례 시도했는데 모두 실패했다. 그간의 실패 때문에 모아둔 자본금도 다 사라지고, 투자자들도 이제 이 사업의 미래에 회의적이다. 이번 마지막 한 번의 발사로 스페이스엑스가 우주 비행 사업을 영구히 접을지 말지가 결정되는 상황이다. 하지만 불행히도 우주선은 또다시 공중에서 폭발했고, 더불어 스페이스엑스도 파산했다. 이런 상황이라면 일론 머스크가 아니라 그 누구라도 실패를 축하할 수 없다. 하물며 이 실패에서 배울 수 있는 교훈도 없다. 그 교훈을 활용할 다음 발사 기회는 이제 남아 있지 않기 때문이다. 그래서 실패가 가치 있는 과정이 되기 위해서는 실패에서 얻은 교훈을 활용할 수 있는 '다음 기회'가 필요하다.

실패를 성공으로 반전시킬 세 가지 조건

흔히 실패는 성공의 어머니라고 한다. 그런데 이상하지 않은가? 대개 사람들은 서른 살이 되기 전에 대인 관계와 일에서 한두 차례 큰 실패를 경험하기 마련이다. 실패가 성공의 어머니라면 서른 살이 넘은 사람들은 대부분 성공적인 삶을 살고 있어야 마땅한데, 현실은 그렇지 않다. 사업에서 마주친 실패도 마찬가지이다. 어제 사업에 실패했다고 내일의 성공이 보장되지는 않는다. 실패, 더 정확히 말하자면 실패에서 얻은 교훈이 성공의 어머니가 될 수는 있지만, 그것만으로는 성공을 일구기에 부족하기 때문이다. 성공이라는 자식을 낳으려면 어머니뿐 아니라 아버지도 필요하다. 그렇다면 성공의 아버지는 과연 무엇일까? 실패에서 교훈을 얻어 성공하는 데 필요한 요건을 거론할 때 자주 등장하는 개념이 심리적 안전감과 성장 마인드셋인데, 이것이 성공의 아버지가 될 수 있을까?

심리적 안전감이란 조직에서 구성원이 솔직한 의견, 때로는 대다수 동료들과 반대되는 의견을 제시하더라도 동료들이 자신을 부정적으로 평가하지 않고 대인 관계에서도 아무런 문제가 생기지 않을 것이라는 확신을 가리킨다. 심리적 안전감이 있을 때 사람들은 자신만의 고유한 의견을 적극 개진할 수 있다. 그 과정에서 조직에 해로운 문제점을 발견할 수도 있고, 더 나아가 혁신적인 아이디어가 공유될 수도 있다. 실패도 마찬가지이다. 자신의 도전이 실패로 끝나더라도 조직 안에서 따가운 눈초리를 받지 않을 것이라고 믿을 때 구성원은 실패에 대한 부담감을 떨치고 어려운 업무에 과감히 도전할 수 있다. 그런 점에서 심리적 안전감은 달성해야 할 목표가 복잡하고 어려워진 이 시기에 분명 조직이 마련해야 할 중요한 장치이다.

성장 마인드셋은 노력하면 자신의 역량을 발전시킬 수 있다는 믿음으로, 역량은 태어날 때 이미 결정되기에 후천적으로 바꾸기 어렵다는 고정 마인드셋과 반대되는 개념이다. 고정 마인드셋을 지닌 사람이 실패를 경험하게 되면 자신의 역량이 부족해서 실패했다고 판단하는 경향이 있다. 그리고 해당 프로젝트를 성공시킬 역량이 자신에게는 없다고 여겨 다시금 도전하지 않는다. 반면, 성장 마인드셋을 지닌 사람은 자신의 노력이 부족하거나 업무에 접근하는 방식이 잘못되어 실패했다고 판단하고, 노력해서 자신의 역량을 키우면 성공에 다가갈 수 있으리라 여기며 다시 도전한다. 실패를 딛고 성공으로 나아가야 하는 어려움을 고려하면 성장 마인드셋 역시 조직과 구성원이 갖춰야 할 중요한 덕목이다.

실패라는 과정을 지나 성공으로 향하는 여정에서 심리적 안전감과 성장 마인드셋은 분명 필요하지만, 이것을 성공의 아버지라 부르기는 어렵다. 심리적 안전감과 성장 마인드셋이 효과적으로 기능하려면 더 근본적인 전제가 필요하기 때문이다. 바로 **방향성**이다. 누군가가 구성원 5명과 함께 스타트업을 시작했다고 생각해보자. 모두가 함께 모인 회의실에서 대표가 구성원들에게 이렇게 말을 꺼낸다. "여러분, 이제 우리가 회사를 설립했으니 어떤 제품을 만들어야 할지 생각해봅시다. 우리는 다른 사람의 의견을 절대적으로 존중하니까 마음 편히 말씀하셔도 됩니다." 이런 식으로 심리적 안전감을 제공하기만 하면 창의적이고 혁신적인 아이디어가 쏟아져 나올까? 그럴 리 없다. 맹목적으로 좋은 아이디어란 없다. 아이디어는 항상 '무언가에 관한' 것이기 때문이다. 최소한 어느 방향으로 화살을 쏘아야 하는지는 알 때 심리적 안전감이 윤활유 역할을 할 수 있다. 마찬가지로 조직의 방향성이 전제되지 않으면 성장 마인드셋도 공허할 뿐이다. 노력하면 성장할 수 있다고 해서 뭐든 가리지 않고 노력할 필요는 없고, 사실 그래서도 안 된다. 조직의 목표가 무엇이고, 여기에 어떤 역량이 필요한지를 인지할 때 성장 마인드셋이 빛을 발한다.

구글은 출시했다가 실패한 제품이나 프로젝트를 모아 '구글 묘지'를 만들었고, 스웨덴에는 글로벌 회사들의 실패 사례를 모아놓은 '실패 박물관'이 있다. 하지만 구글 묘지나 실패 박물관을 둘러본다고 한들 누구나 혁신적인 아이디어를 떠올릴 수 있는 것은 아니다. 맥락이 없는 실패는 성공에 아무런 도움이 되지 않기 때문이다. 실패 사례 모음집은 실패를 경험한 사람에게 위로를 건네고, 실패를 두려워하는 사람에게 도전할 용기를 심어줄 수는 있어도 그 자체로 성공의 발판이 되지는 않는다.

실패가 성공의 다리를 놓으려면 방향성이 전제되어야 한다. 에디슨이 백열전구의 필라멘트를 만들기 위해 1000가지가 넘는 재료로 실험했다는 이야기는 유명하다. 만약 에디슨이 필라멘트의 재료로 100가지를 실험했다가 실패하고, 그다음에는 전기장판 전열선의 재료로 100가지를, 또 그다음에는 전화선의 재료로 100가지를 실험했다가 실패를 경험했다면 성공을 거두지 못했을 것이다. 백열전구를 만들겠다는 방향성을 세우고 1000번에 걸쳐 실패를 거듭했기에 끝내 성공한 것이다. "나는 실패하지 않았다. 제대로 작동하지 않는 1만 가지 방법을 알아냈을 뿐이다." 에디슨의 이 말은 방향성을 전제했을 때에만 비로소 그 의미를 온전히 이해할 수 있다.

자기다움에 방향성을 부여하는 리더가 되라

앞서 언급한 대로 실패가 가치 있는 과정이 되려면 진정성 있는 노력, 가치 있는 목표, 도전할 다음 기회가 필요한데, 이 세 가지를 꿰뚫는 개념이 방향성이다. 구성원들의 열정을 끌어낼 수 있는 목표를 설정하고, 구성원들이 그 방향성에 진정으로 공감할 때 모두가 목표를 이루기 위해 노력할 것이다. 설령 노력하다가 실패를 경험하더라도 그 경험을 밑거름 삼아 다음 도전을 준비할 수 있다. 마침내 가고자 하는 목적지가 어디인지 숙지하고, 끈기 있게 계속 그 길을 걸어가고자 할 때 과거의 실패는 성공을 위한 교훈이 된다. 그래서 실패가 성공이라는 열매를 맺기 위해서는 방향성이라는 아버지가 필요하다.

지금까지 우리는 기업이 이제는 구성원 개개인이 자기다움을 펼칠 수 있는 공간으로 거듭나야 한다고 강조했다. 하지만 구성원들이 서로 다른 방향을 바라보며 자기다움을 펼친다면 그 조직은 조직으로서 제대로 기능할 수 없을 것이다. 각자 다른 방향을 바라보는데 하나의 조직을 이룰 필요가 있겠는가. 그렇기에 조직에서 자기다움이 발현되기 위한 필요조건은 방향성의 공유다. 누군가의 실패가 조직이 제시하는 방향으로 다가가는 도전임을 모두가 공감할 때 실패는 그 방향으로 내딛는 한 걸음이 될 수 있다. 그래서 조직은 실패한 사람이 실패의 원인을 파악하고 다음번에 더 나은 도전을 감행할 수 있는 공간, 실패에 대한 죄책감 대신 성공을 향한 열정을 안고 도전에 나설 수 있는 곳, 즉 안전한 실험실로 거듭나야 한다. 자기다움러들은 안전한 실험실에서 태어나기 때문이다.

8장

빅블러 시대를 이기는
여덟 가지 리더십 원칙

2021년 하반기에만 미국에서 2500만 명 이상이 직장을 그만 뒀다. 이른바 대퇴사The Great Resignation 시대라는 표현까지 등장했다. 「뉴욕타임스」는 이런 현상을 두고 '퇴사Quit'가 '전염병Contagion'처럼 번져가고 있다는 뜻에서 '퀴테이전Quitagion'이라는 신조어까지 만들어냈다. 대퇴사 현상이 나타난 이유는 무엇일까? 맥킨지의 최근 보고서를 보면 퇴직 이유를 둘러싸고 기업들이 분석한 내용과 직장인들의 이야기가 다르다. 먼저, 기업들은 보상이나 일과 삶의 균형 문제가 대퇴사 현상의 원인이라고 말했다. 하지만 직장인들은 첫 번째로 조직에서 자신의 가치를 인정받지 못한다는 느낌이 들고, 두 번째로 소속감이 생기지 않는다는 점을 퇴사의 이유로 들었다. 이 차이는 무엇을 시사할까? 심화되어가는 빅블러 시대의 불확실성 속에서 우리는 어쩌면 이전과는 다른 관점으로 일과 직업을 바라보게 되었을지도 모른다. 즉, 금전적 보상과 복지가 불만족스럽다기보다는 더 근본적인 리셋Reset 기회를 얻으려고 퇴사가 절실했던 것은 아닐까? 그러니까 삶과 일, 조직과 자신에 대해 본질적으로 다시 생각하는 것이다. '이 조직의 문화가 정말로 마음에 드는가? 나는 조직에서 제대로 인정받고 있는가? 내가 성장하고 보람을 느낄 기회를 조직에서 제공하는가? 이 직장에서 일의 의미를 찾을 수 있을까?' 이런 질문들을 던지는 것이다. 이른바 자기다움과 일, 직장, 세상과의 연결에 대한 목마름의 표현이다.

현명하고 발 빠른 조직들은 이 차이를 들여다보면서 조직보다는 철저히 구성원 편에 서서 이들이 던진 질문과 관련된 실질적인 니즈를 충족해주는 데 집중했다. 즉, 구성원들의 자기다움을 어떻게 포용할 것인가를 실질적으로 고민하고 실행에 옮긴 것이다. 그 결과 이 대퇴사 시대에 조직과 일에 대한 만족도를 48퍼센트까지 끌어 올렸다. 필자들은 이러한 조직들을 면밀하게 살피고, 여덟 가지 원칙으로 정리했다. 지금까지 우리가 나눈 자기다움 리더십에 대한 논의가 휘발되지 않도록, 그래서 길을 잃지 않도록 돕는 '지도Map'로 제안하는 바이다.

원칙 1 _ '깊은 목적감'을 공명시켜라

일하는 이유와 동기를 이해하면 성과는 향상된다. 구성원 모두가 자신의 일에 담긴 파급력을 깨닫고 그 의미를 헤아리는 것은 성과 높은 팀을 실현하는 핵심 요인이다. 하버드대학교 경영대학원의 랜제이 굴라티Ranjay Gulati 교수는 일의 의미와 목적을 깊이 있게 구성원들과 교감하는 조직을 '딥퍼포스Deep Purpose' 조직이라고 불렀다. 그리고 이 딥퍼포스 기업의 리더들을 200명 넘게 인터뷰하며 탁월성Excellence을 발휘하는 구성원들이 어떻게 자신의 일을 의미 있게 만들어가는지 파악했다. 이들이 공통적으로 언급한 내용은 다음 세 가지였다. 첫 번째, 구성원들은 저마다 무엇이 자신을 이 세상에 보냈는지 명확히 인식하고 있었다. 이른바 소명Calling의식, 즉 자신의 삶과 일에 대한 방향성과 사명감이 뚜렷했다. 이는 곧 그들의 행보와 선택의 핵심 동력원이 되었다. 게다가 주변 사람들이 개입해서 자신의 목적을 인식하고 인정할 수 있도록 허용했다. 한 예로, 전문 지식 서비스 기업 KPMG는 이미 10년 전인 2012년에 '퍼포스Purpose' 프로젝트를 진행했다. 이른바 '1만 스토리 챌린지10000 Stories Challenge' 프로그램에 참여해서, 구성원들이 스스로가 정의한 일의 의미와 목적을 밝히고 공유하도록 했다. 두 번째, 구성원들은 자발적이고 적극적으로 업무를 설계하는 잡크래프팅Job Crafting을 시도했다. 잡크래프팅이란 어떤 과제를 담당하고 어떤 동료와 고객 및 이해 당사자와 상호작용을 하고 어떤 감정과 정서로 일에 접근할 것인지(멘털 프레이밍Mental Framing)를 다듬고 조정하는 일을 말한다. 그 과정에서 자신에게 별 의미가 없다고 생각되는 일이 있으면 해당 업무에서 의미를 느낄 만한 다른 동료들에게 그 일을 넘기거나 위임한다. 그러고 나서 자신의 목표와 연관되는 새로운 프로젝트가 있으면 적극적으로 손을 든다. 세 번째, 구성원들은 리더들과 돈독한 관계를 형성하는 데 집중했다. 의미 있는 일을 맡을 기회를 얻기 위해 상사와 적극 소통하며 자신의 업무 철학과 성장 지향점 등을 부각시켰다. 또한 자신이 어떤 사람이고, 조직에 무엇으로 어떻게 기여할 수 있는지 알렸다.

일의 의미는 어디서 나오는가? 자신이 수행하는 일이 더 큰 목표나 목적과 연결되어 있다고 확신하며 그 일이 조직의 성공에 어떻게 기여하는지 이해하는 데에서 나온다. 일을 매개로 자신에게 의지하고 있는 고객들은 물론 다른 부서와도 연결되어 있다고 느낄 때 난관을 견뎌내고 극복할뿐더러 더 나아가 성장할 수 있다. 우리는 이런 느낌을 안겨주는 조직에 소속되고 싶어 한다. 그런 조직이라면 좀처럼 떠나려고 하지 않을 것이다. 개별 성공이 모두의 성공으로 돌아가기 때문이다.

이처럼 함께 모여 일하는 이유를 깊이 공감하는 과정에서 서로의 일을 포지티브섬 게임 Positive-Sum Game 으로 인식하게 되면 구성원들은 하나로 융합하며 각자가 산술적으로 합한 수준을 넘어서는 능력을 발휘하는 느낌을 받는다. 그러다 보면 즐거움이 배가되고, 생산성이 뒤따라 오른다. 하지만 이런 환경을 조성하지 못하는 조직은 제로섬 게임 Zero-Sum Game 으로 진입하게 된다. 모두가 개인적 이익을 위해 행동하기에, 조직은 고전을 면치 못한다. 따라서 조직은 구성원들이 자기 자신을 변호하며 제로섬 게임으로 향하는 대신 포지티브섬 게임으로 나아갈 수 있게 지원해야 한다. 그러려면 모든 구성원들이 조직의 목적에 공명되도록 해야 한다. 배려와 관심 속에서만 구성원들이 편안한 마음으로 일에 접근할 수 있고, 동료들과도 긍정적인 관계를 쌓아갈 수 있기 때문이다. 한번 관계가 구축되면 구성원들은 각자 바람과 포부, 기쁨을 간직한 존재로서 서로를 존중하며 서로에게 신뢰와 지지를 보낼 수 있게 된다.

원칙 2 _ 다양성 포용 체질을 만들라

미국 클락슨대학교 라제시 세티Rajesh Sethi 교수, 인디애나주립
대학교 대니얼 스미스Daniel C. Smith 교수, 서던캘리포니아대학
교 웬 팍C. Whan Park 교수는 다양성이 창의력으로 발현되기 위
해서는 단순한 '인구 통계적 다양성Demographic Diversity'이 아닌
'인지적 다양성Cognitive Diversity'이 체질화되어야 한다고 밝혔
다. 다양성이 높은 조직이 창의와 혁신의 조직으로 거듭날 확
률이 높은 이유는 바로 '생각하는 방식의 다양성'에 있기 때문
이다. 미시간대학교 스콧 페이지Scott E. Page 교수에 따르면, 다
양한 사람들로 구성된 조직은 문제 해결을 위해 다양한 생각
도구를 활용하기 때문에 개인적으로 탁월한 능력을 보유한 동
질적 조직보다 문제를 더 잘 해결할 수 있다. 경험과 지식이 다
르면 같은 사안을 다른 관점으로 바라보고, 달리 해석하기 때
문이다. 그래서 다양성이 높은 조직은 다양한 관점과 해석에
따라 다양한 솔루션을 탐색하고 실험할 수 있다. 하지만 성별,
인종, 연령(세대), 출신 배경 같은 인구 통계적 다양성이 확보
되었다 하더라도 어떤 이유에서든 동일한 사안을 다르게 바라
보지 않거나 이를 가로막는 경직된 풍토라면 결국 아무런 의
미가 없다. 한국의 국내 연구도 동일한 시사점을 제시한다.

서울대학교 최진남 교수는 창의성의 차이가 인구 통계적 다양성 자체에서 비롯되는 것이 아니라 지각된 조직 내 역학 관계Power & Status의 영향을 받는다는 것을 밝혀냈다. 한국 등 아시아 국가들은 상대적으로 남성 위주의 문화이고 수직적인 조직 구조인 데다 권력 거리 지수PDI, Power Distance Index가 높다. 이런 풍토에서 자신의 성별과 조직 내 위치가 타인과 다르다고 느끼는 직원은 파워나 지위의 차이를 강하게 지각할 수밖에 없다. 대표적인 예가 남성이 많은 조직에 소속된 여성, 연령이나 직급이 비교적 낮은 직원들이다. 이들은 조직 안에서 약자이며 종종 사회적 장벽에 부딪힌다. 그래서 스스로 새로운 아이디어를 제시하는 행동 자체가 자신의 사회적 고립이나 인간관계에서의 손해를 뜻한다. 이런 사회적 비용을 감수하면서까지 창의성을 발현하려는 사람은 많지 않을 것이다. 결국 자신보다 높은 사회적 위치에 있는 구성원에게 부정적 평가를 받지 않기 위해 새로운 의견을 제시하거나 기존 업무 방식의 변화를 시도하길 꺼린다. 자유롭고 창의적인 사고보다 위계질서나 기존 업무 관행을 더 중시하게 만드는 이런 풍토는 구성원들이 발현하는 창의성을 제한한다.

따라서 조직이 구성원들의 창의성을 극대화하기 위해서는 다음과 같은 과제가 선결되어야 한다. 우선, 구성원들이 보유한 경험과 직무 배경의 다양성을 보장해서 갖가지 정보와 지식이 연결되고 융합될 수 있도록 해야 한다. 인구 통계적 다양성에 그치지 않고 인지적 다양성이 극대화되도록 조직을 구성할 때는 서로 간에 생기는 지위와 권력 거리의 차이를 최소화해야 한다. 그래야 자유로운 소통을 보장할 수 있다. 성별, 연령(세대), 직급에 따라 구성원 간에 서열이 생기고 의사소통이 부족해지며 소수가 아이디어를 독점하는 관행을 극복하는 일은 조직과 구성원 개개인의 창의성을 모두 증진하기 위해 해결해야 할 핵심 과제다. 그렇다면 이 권력 거리는 어떻게 최소화할 수 있을까?

하버드대학교 경영대학원 교수인 에이미 C. 에드먼슨Amy C. Edmondson과 인시아드 교수인 헨릭 브리스먼Henrik Bresman은 대형 제약사 6곳의 62개 팀을 대상으로 심리적 안전감이 다양성과 성과에 미치는 영향과 관련해 실증 연구를 진행했다. 그 결과, 다양성이 약속하는 효익을 실현하는 데 심리적 안전감이 핵심 역할을 할 것이라는 가설이 입증됐다. 즉, 심리적 안전감이 높을 때 다양성은 성과와 긍정적 상관관계를 보였지만, 심리적 안전감이 낮으면 오히려 다양성이 성과에 부정적인 영향을 미치는 것으로 나타났다. 또한 팀의 다양성이 높을수록 구성원들이 느끼는 팀의 만족도는 평균적으로 낮았다. 하지만 심리적 안전감이 높은 상태에서는 팀의 다양성이 높을수록 구성원의 만족도가 올라갔다. 정리하면, 심리적 안전감은 구성원의 성과와 관련된 다양성의 잠재력을 실현하는 데 조절 효과를 발휘하는 것으로 나타났다. 즉, 창의적인 문제 해결이라는 조직 최고의 효익을 거두기 위해서는 구성원들의 인지적 다양성을 포용해야 하는데, 그러자면 구성원들이 마음 편히 질문하고 아이디어를 공유할 수 있어야 한다는 얘기이다. 권력 거리를 줄이려면 심리적 안전감이 윤활유처럼 기능해야 하는 것이다.

원칙 3 _ 핵심 인재 신드롬을 버려라

다양성만 갖추면 조직 본연의 존재 이유, 곧 시너지가 극대화될까? 그렇지 않다. 다양성이란 '생산적으로 포용'되지 않으면 복잡성과 갈등만 증폭시킬 뿐이다. 다양성은 각 구성원이 개별적으로 지닌 자기다움, 즉 흥미, 강점, 지향점의 다름, 그리고 경험, 지식과 그로 인한 인지적 차이에 관한 개념이다. 그런가 하면 포용Inclusion은 이 인지적 차이의 가치를 인정하고 이를 구성원의 1인 지분Equity 개념으로 구현하기 위해 노력하는 자세이다. 1인 지분이란 조직에서 구현하는 기회의 형평성을 의미한다. 구성원 하나하나가 소외되지 않고 자신의 색깔에 걸맞은 기회를 얻을 때 비로소 다양성은 꽃을 피운다.

하지만 기회의 형평성과 관련된 우리의 현재는 실상이 좀 다르다. 모든 조직은 유능한 인재를 선호한다. 이들을 핵심 인재로 구분해서 관리하기도 한다. 핵심 인재로 분류된 인원에게는 통상 더 많은 양질의 직무 경험과 역량을 개발할 기회가 돌아간다. 그리고 이 핵심 인재들이 기량을 펼칠 수 있도록 이들 중심으로 조직을 운영하는 데 초점을 맞춘다. 여기에는 조직이 정의한 기준에 따라 유능하다고 판단된 인재들이 많이 모일수록 성과를 낼 확률이 높다는 암묵적 신념이 깔려 있다. 이런 신념이 옳다면 우리는 최대한 유능한 인재들을 끌어 모아 조직을 가득 채워야 한다. 그런데 정말로 그럴까?

2014년 6월, '과잉 인재 효과'라는 제목의 논문이 「심리과학 저널Psychological Science」에 소개됐다. 컬럼비아대학교, 암스테르담대학교, 인시아드의 공동 연구팀이 스포츠 팀의 우수 선수 비중과 성적의 관계를 분석한 연구였다. 결과는 어땠을까? 유능한 선수가 많을수록 성적이 좋을 것이라는 통념과는 달리, 지나치게 우수 선수가 많으면 오히려 성과가 떨어진다는 결과가 나왔다. 축구의 경우, 2010년과 2014년 월드컵에 출전한 팀들을 분석해봤더니 유명 클럽에서 뛰는 선수의 비중이 팀에서 60퍼센트 수준일 때 FIFA 랭킹이 정점을 찍었지만 그 수준을 넘어서면 오히려 FIFA 순위가 떨어졌다. 네덜란드 대표팀이 대표적인 사례이다. 네덜란드는 화려한 스타 선수들이 많았는데도 UEFA 유로 2012 본선 조별 리그에서 3전 전패로 탈락했다. 하지만 선수들을 교체한 후 브라질 월드컵에서는 무패로 3위에 올랐다. 더 많은 스타 선수를 기용해서 선수단을 재정비하는 대신 우수 선수 비중을 70퍼센트에서 40퍼센트 수준으로 낮춘 것이 주효했다.

농구에서도 비슷한 결과가 나왔다. 2002년부터 2012년까지 각 팀별로 NBA 올스타전에 선발된 선수의 수와 매 시즌 팀 승률의 관계를 분석했더니, 우수 선수 비중이 50퍼센트를 넘어서면 승률이 낮아진다는 결과가 나왔다. 한 예로, 마이애미 히트는 2011~2012 시즌에서 2명의 스타 선수가 부상으로 출전하지 못했는데 오히려 그때 우승을 거머쥐었다. 게임당 어시스트 등을 협력의 척도로 분석해보니, 우수 선수가 많을수록 협력의 강도가 약해져서 팀 성적이 하락한다는 결론이 나왔다. 협력의 강도란 구성원들의 다양성이 연결되고 서로 연대하는 정도를 말한다. 협력의 강도를 높여서 창의적으로 문제를 해결하는 것은 조직을 꾸려서 일을 하는 근본 이유이자 최대 효익이다. 연구 결과와 같이 유능한 인재를 특정 수준 이상으로 대거 투입할수록 오히려 조직에서 다양성의 연합 정도가 약해진다면 본질적으로 조직에 모여 일할 이유가 희미해진다.

그렇다면 왜 유능한 인재가 많을수록 조직에서 다양성의 연결과 연대, 포용이 어려운 것일까? 이 질문에 대한 답변으로, 경영학자 메러디스 벨빈Meredith R. Belbin은 그의 저서 『팀이란 무엇인가』에서 '아폴로 신드롬'을 소개했다. '아폴로 신드롬'은 유능한 인재들이 모인 집단에서 오히려 성과가 저조한 현상을 말한다. 영국 헨리비즈니스스쿨에서 팀 역할과 관련해 연구를 수행한 결과에서도 지능이 높은 팀원들로 구성된 아폴로팀에서는 동료에게 자신의 생각을 설득하느라 시간을 허비하고, 서로의 주장에 어떤 약점이 있는지에만 관심을 기울이는 통에 일치된 결론을 내리지 못하는 데다, 시급한 일도 간과해버리는 현상이 나타난다는 점을 확인했다. 심지어 팀 성과가 나쁘면 책임 소재를 찾아 서로를 비난하기에 바빴다. 결국, 어렵고 복잡한 직무일수록 뛰어난 인재들이 필수이지만, 이들 사이에서 다양성의 포용 강도를 떨어트리는 행위를 방치한다면 조직은 원하는 성과를 얻기 힘들다.

원칙 4 _ 조직의 '인간적 측면'을 활성화하라

이그제큐티브샤인Executive Shine이라는 회사를 들어보았는가? 처음 들었다 해도 그 이름 때문에 어떤 회사인지 쉽게 짐작할 수 있을 것이다. 바로 구두닦이 서비스 회사이다. 이 회사는 도심이 아닌 공항에 터를 잡았다. 덴버 공항과 샬럿 더글러스 공항에 가면 만날 수 있다. 환승을 달가워하는 사람은 많지 않다. 특히나 출장이 잦은 비즈니스맨들에게 환승은 또 하나의 짐으로 느껴지기 마련이다. 하지만 이 두 공항에서만큼은 다르다. 환승 때문에 1시간 정도 여유가 생기면 이들의 얼굴에는 되려 미소가 번진다. 이그제큐티브샤인에서 시간을 보낼 수 있기 때문이다. 이유가 뭘까?

이그제큐티브샤인의 12단계 구두닦이 과정은 복잡한 듯하지만, 단계 하나하나가 일사천리로 거침없이 그리고 흥미롭게 진행된다. 토치로 구두 가죽에 불광을 내는 퍼포먼스로 대미를 장식하는 재미도 선사한다. 하지만 고객들의 마음을 사로잡는 포인트는 따로 있다. 바로 세척 전문가가 구두를 닦는 동안 유쾌한 질문을 던지고 자신의 재미있는 이야기도 들려주며 고객에게 추억을 만들어준다는 점이다. 구두닦이 서비스가 고객에게 일상에 찌들어 느끼는 피로와 답답한 고민을 풀어내고 사람 냄새를 느끼게 하는 잠깐의 멈춤이 되는 것이다. 서비스의 정가가 있긴 하지만 고객이 요금을 마음대로 정하게끔 한다. 서비스를 받는 모든 과정에서 고객을 주인으로 대하는 셈이다. 물론 즐겁고 유쾌한 경험이었다며 정가보다 더 내는 고객이 대다수다.

이렇게 이그제큐티브샤인은 많은 여행객에게 마치 공항 라운지 속 단골 카페 같은 장소가 되어주었다. 구두닦이 서비스를 여행 중 누리는 묘한 특권이라 표현하는 여행객도 많다. 심지어 여행할 때 일부러 구두를 모아 온다는 사람들도 있을 정도이다. 이그제큐티브샤인 소속 직원인 마샤는 이렇게 말한다. "사랑과 공감, 이것이 저희의 신조입니다. 우리는 진심을 다해 이 일을 합니다. 고객들은 구두를 닦기 위해서만이 아니라 대화하고 싶어서 우리를 찾아옵니다."

미래 지속 가능 비즈니스를 논할 때 사람들은 대부분 디지털 혁신, 파괴적 전략, 유니콘을 거론한다. 실리콘밸리를 위시로 한 미래 비즈니스 전문가들은 감성을 가급적 배제한 채 데이터와 알고리즘에 기반한 이성적 생존 방정식을 궁리하라고 이구동성 외친다. 이들의 조언대로라면 이그제큐티브샤인의 생존 방정식은 구두닦이 공정을 더욱 정교화하고 이를 통해 구두를 탁월하게 잘 닦는 것, 이 시스템을 기계로 효율화하는 쪽으로 비즈니스를 전개해야 할 것이다. 하지만 정말 그렇게 하면 될까? 고객의 마음을 사는 그 인간미 넘치는 감성 포인트는 구멍가게 시절에나 가능하던

과도기적 산물 정도로 무시하고 지나쳐도 되는 것일까?

인공지능이 많은 것을 대체하는 세상이 되었지만 우리는 그럴수록 더 깊고 진정한 인간미에 목말라한다. 어찌 보면 우리가 앞으로 더욱 붙들어야 하는 것은 머리가 아닌 가슴으로 생각하는 것일지 모른다. 진정으로 우리를 움직이고 행동하게 만드는 것은 무엇일까? 조직 내에서도 이런 인간적 측면을 더 활성화해야 하는 것은 아닐까? "인간은 감성에 따라 움직이고 이성으로 이를 합리화한다"라는 미래학자 롤프 옌센Rolf Jenssen의 말을 곱씹어볼 때이다.

조직에서 다양성의 포용 강도를 높이려면 무엇보다도 '조직의 인간적인 측면을 활성화'하는 일이 필요하다. 다양성의 포용 수준은 조직에 활력을 불어넣는 인간적 측면과 깊은 연관이 있기 때문이다. 조직의 인간적 측면은 '완충' '연결'로 표현된다. 완충Buffering은 외부 환경의 변화 또는 내부의 다양성 증대가 불러올 수 있는 위협을 최소화하는 동시에, 이를 생산적으로 내면화하고 포용할 수 있는 여지를 제공한다. 만일 조직에서 완충제 역할이 활성화되지 못하면 이런 변화와 혁신 활동은 필연적으로 조직에 충격을 안겨서 생산적 변화, 즉 성장을 이끌지 못하고 변질된다. 그래서 이 완충 활동이 결국은 안정적인 경계 활동의 기초가 된다.

두 번째로 연결Connecting은 기존 경계를 뛰어넘어 새로운 관계를 수립하는 것을 말한다. 연결 활동을 통해 상호 호혜, 공동 목표 등의 새로운 공유 가치가 발굴되고 세련화되며 공통 언어화된다. 그 과정에서 조직 내외의 차이라는 다양성이 차별되지 않고 존중받으며 생산적으로 포용될 수 있다. 즉, 기존 경계를 허물고, 새로운 공유 가치를 달성하기 위한 생산적 경계를 재구성할 수 있게 되는 것이다. 완충과 연결로 조직의 인간적 측면을 활성화하는 일은 마치 씨줄과 날줄을 엮어 베를 짜듯 구성원 개개인의 독특한 개별성을 포용하고 이를 기반으로 전체 역량을 통합하는 데 필수이다.

빅블러 시대에는 기대와 갈등, 협력적이면서 경쟁적인 긴장이 동시에 존재하는 국면이 일상화될 것이다. 판단과 조율이 어려운 상황에서 이런 조직의 인간적인 측면은 구성원 모두가 실타래를 푸는 일에 생산적으로 몰입할 수 있도록 돕는다. 또한 조직의 인간적인 측면은 구성원을 혁신에 동참하도록 유도해서 집단 간에, 그리고 구성원 개개인 간에 정보와 자원이 원활하게 흐르도록 연계하는 데 기여한다. 그런데 여기서 놓쳐서는 안 될 점이 한 가지 있다. 이런 조직의 인간적인 측면을 하나하나 쌓아가는 구성원의 존재이다.

앞서 언급한 헨리비즈니스스쿨의 연구 결과에 따르면, 여느 경우와 달리 예외적으로 성과가 좋은 아폴로팀도 있었는데, 그 이유는 팀의 갈등을 해소할 만한 외교적 역량을 발휘하는 구성원이 있는가 없는가에 있었다. 팀에는 유능한 인재만 필요한 것이 아니다. 유능한 인재 못지않게 경계에서 팀에 존재하는 이질감을 완충하고 연결할 인재도 필요하다.

토론토대학교 로트먼경영대학원 티치아나 카시아로Tiziana Casciaro 교수와 듀크대학교 미구엘 소사 로보Miguel Sousa Lobo 교수도 이들을 가리켜 '조직에서 윤활유 역할을 하는 사람들'이라고 표현했다. 그들은 능력과 호감도에 따라 조직 구성원을 '호감 가는 스타Lovable Star' '호감 가는 바보Lovable Fool' '무능한 비호감Incompetent Jerk' '유능한 비호감Competent Jerk'의 네 가지 유형으로 구분하고, 직장인들에게 어떤 종류의 사람과 일하고 싶은지 조사했다. 당연히 선호도 1위는 '호감 가는 스타'였고 꼴찌는 '무능한 비호감'이었다. 그렇다면 남은 두 유형 중에서 사람들은 누구와 더 일하고 싶어 했을까? 조사 결과, 사람들은 '유능한 비호감'보다는 '호감 가는 바보'를 더 선호했다. 조직이 성과를 내기 위해서는 호감 가는 바보보다 더 능력 있는 유능한 비호감을 선택하는 것이 바람직하다고 볼 수 있다. 하지만 연구 결과에 따르면 오히려 호감 가는 바보가 조직의 사일로Silo(조직 부서 간의 장벽, 부서 이기주의) 현상을 해결하는 데 도움이 되었다. 호감 가는 바보는 사실 무능력자가 아니라 조직에 담긴 인간적 측면의 허브인 셈이다.

앞서 스포츠 팀 연구 사례에서 살펴봤듯, 조직의 성과가 최고조에 이르는 우수 인재의 비율이 있는 것은 확실해 보인다. 그 비율은 아마도 조직 내 협력과 연결이 유지되는 임계점의 어느 부근일 것이다. 경쟁의 부작용을 줄이고 협력과 연결을 촉진하면서 그 균형점을 찾아가는 것이 관건일 텐데, 이는 곧 조직이 다양성을 기반으로 창의성을 극대화하는 동시에 다양성에서 비롯된 조직 내 이질감을 경계에서 완충하고 연결할 수 있는지 여부에 달렸다.

원칙 5 _ 권위주의를 벗어던져라

지난 몇 년간 이른바 'MZ세대 문제'가 한국 사회를 뜨겁게 달구었다. MZ세대는 기성세대와 무엇이 다른지, 도대체 왜 그들은 그렇게 (이상하게) 행동하는지, 그럼에도 함께 일하기 위해서는 어떻게 그들을 대해야 하는지에 관한 기사와 방송이 쏟아져 나왔다. 특히 기성세대와 MZ세대가 직접적으로 부딪히며 협업해야 하는 많은 조직에서는 MZ세대를 효과적으로 '관리'하는 법을 교육하는 데 막대한 시간과 돈을 투자했다.

MZ세대 문제를 다룰 때 지금껏 대다수 미디어는 MZ세대를 향해 활을 겨누었다. 왜 그토록 이해할 수 없는 방식으로 행동하느냐고 말이다. 하지만 이런 관점을 진지하게 비판적으로 성찰할 필요가 있다. 지금 MZ세대를 이해하지 못하겠다고 토로하는 기성세대 중 상당수는 불과 20, 30년 전 자신들이 젊었을 때 X세대라 불리며 세대론에 불을 지핀 당사자들이다. 그 시절 상식에서 지나치게 벗어나 뭐라고 불러야 할지도 모르겠다는 의미에서 X세대라 불렸던 이들이 중년이 되어 현재 젊은 세대를 이해할 수 없다고 말하는 것이다.

이런 상황을 이해하려면 두 가지 가능성을 고려해야 한다. 첫째, MZ세대는 이상했던 X세대조차도 이해할 수 없을 정도로 지극히 이상한 세대일 가능성이다. 둘째, MZ세대 문제를 바라보고 이해하는 관점에 오류가 있을 가능성이다. 필자들은 후자의 가능성에 무게를 두고, 문제의 원인을 MZ세대의 특이함에서 찾던 관점에서 벗어나 MZ세대를 대하는 기성세대 쪽에서 찾아보았다. 특히 기성세대의 권위주의에 주목했다.

권위주의란 이미 형성된 권위를 추종하려는 특성으로, 권위주의 성향이 높은 사람은 보수적이고 변화를 싫어하며 안정성을 선호한다. 특히 이들은 양자택일 방식으로 어떤 대상을 내집단인지 아닌지 나누고, 내집단을 훨씬 선호하는 경향이 있다. 그만큼 권위주의는 심리학에서 다른 집단에 대한 편견을 연구할 때 빈번하게 등장하는 개념이다. 따라서 필자들은 모든 기성세대가 아니라 권위주의 성향이 높은 일부 기성세대가 MZ세대를 부정적으로 바라보고 그들과 교류하기를 회피할 가능성이 있는지 확인했다.

연구를 위해 MZ세대와 같은 부서에서 일하는 기성세대 직장인 223명을 모집했다. 연구 참여자들은 온라인으로 설문에 응답했는데, 설문은 크게 세 가지 내용을 측정했다. 우선, 참여자들의 권위주의 수준을 확인했다. 두 번째로, MZ세대의 독특한 특성이라고 여겨지는 열네 가지 성향(이를테면 개인주의, 일과 삶의 균형 선호, 디지털 네이티브, 평등 추구, 공정한 평가와 보상 선호)을 MZ세대가 기성세대에 비해 얼마나 더 많이 가지고 있다고 생각하는지 물어봤다. 마지막으로 MZ세대를 대하는 태도, 구체적으로는 그들에 대한 부정적인 고정관념과 호의적 정서, 그리고 그들과 나누는 업무 외적인 교류와 협업 회피 성향을 측정했다.

핵심적인 연구 결과는 다음과 같다. 먼저, MZ세대의 독특한 특성이라고 여겨지는 열네 가지 성향과 관련해서 기성세대인 연구 참여자들은 MZ세대가 기성세대에 비해 실제로 이런 성향을 더 많이 보인다고 생각했다. 다시 말해, 연구 참여자들은 기성세대에 비해 MZ세대가 개인주의 성향이 더 강하고, 평등을 추구하고, 디지털 기기를 잘 다루며, 일과 삶의 균형을 선호한다고 판단했다. 하지만 권위주의 성향이 짙은 참여자라고 해서 MZ세대가 이런 특성을 더 많이 혹은 더 적게 지니고 있다고 판단하지는 않았다.

둘째, MZ세대가 기성세대와 다르다고 판단하는 시각 자체가 MZ세대에 대한 부정적인 평가로 곧장 이어지지는 않았다. 좀 더 구체적으로 말해서, MZ세대가 기성세대와 얼마나 다르다고 판단하는지와 MZ세대를 어떻게 대하는지 사이의 상관관계는 대체로 통계상 의미 있는 결과를 보이지 않았고, 오히려 몇몇 특성과 관련해서는 긍정적인 태도가 나타났다. 예를 들어 MZ세대가 기성세대보다 일과 삶의 균형을 더 선호한다고 생각하는 기성세대는 MZ세대에게 호의적이었고, 그들과 협업하기를 회피하지도 않았다. MZ세대가 기성세대보다 디지털 기기에 더 능숙하다고 판단하는 기성세대들도 마찬가지로 MZ세대와 함께하는 협업을 부정적으로 평가하지 않았다.

마지막으로 가장 중요한 결과는 기성세대가 MZ세대를 대하는 과정에서 권위주의가 하는 역할이다. 권위주의 성향이 강한 기성세대는 MZ세대에 대한 부정적인 고정관념이 더 많았고 호의적 정서도 낮았으며, 그들과의 협업을 회피하는 경향이 짙었다. 반면 권위주의 성향이 낮은 기성세대는 MZ세대에 대한 고정관념이 많지 않고 그들에게 호의적이었으며, 실제로 그들과 나누는 업무 외적인 교류도 잦았다. 요컨대 MZ세대를 부정적으로 평가하며 멀리하는 행태는 모든 기성세대가 아니라 권위주의 성향이 강한 일부 기성세대가 보이는 특징이다. 따라서 정작 문제가 되는 부분은 어쩌면 기성세대에게 물든 권위주의일 수도 있다. 물론, MZ세대를 이해하고 포용하려고 노력하는 것은 바람직하다. 하지만 그에 앞서 기성세대는 스스로에게 있는 권위주의 성향이 문제인 것은 아닌지, 다시 말해 자신과 다르다는 이유만으로 MZ세대를 폄하하고 멀리한 것은 아닌지 깊이 성찰할 필요가 있다. 권위주의는 진정한 변화와 혁신의 여정에서 끊임없이 되살아나는 우리 속 좀비이기 때문이다.

원칙 6 _ 실패를 자산화하라

영국 런던비즈니스스쿨의 줄리언 버킨쇼Julian Birkinshaw 교수와 미국 와튼스쿨의 마틴 하스Martine Haas 교수는 10년 이상

50여 개 기업을 대상으로 팀과 조직의 역학 구조를 연구한 결과를 토대로 'Return on Failure', 즉 '실패수익률'이라는 개념을 제안했다. 실패로부터 얻을 수 있는 혜택과 비용을 비교해서 전체 가치를 총체적으로 분석해보면, 실패에 따른 비용은 줄이고 혜택은 늘려서 결국 실패를 자산으로 축적할 수 있다는 얘기이다.

실패수익률의 분모는 프로젝트 실행을 위해 투자한 자원이고, 분자는 해당 프로젝트를 수행하면서 회사와 조직, 그리고 고객과 시장에 대해 얻을 수 있는 각종 지식과 정보를 말한다. 실패수익률을 높이려면 당연히 분모를 작게 줄이든지 분자를 크게 늘리면 된다.

하지만 많은 기업이 이 실패수익률을 높이기 위해 지금까지 소극적인 방법을 써왔다. 분모를 최소화하는 방법에 집중해온 것이다. 대부분의 조직이 불확실성이 사라질 때까지 소규모로 신중하게, 그리고 매우 보수적으로 투자하는 모습을 보인다. 별로 한 게 없으니 당연히 실패수익률은 높게 보인다. 하지만 과연 이런 방법이 실패를 용납하고 포용하는 토양을 만들기에 적절할까? 버킨쇼 교수와 하스 교수는 실패수익률을 높이기 위해 분자를 극대화해 수익률을 올리는 편이 기업과 조직의 입장에서 훨씬 실질적이고 장기적인 가치를 만들어낸다고 주장한다. 즉, 소극적으로 분모 최소화에 매진하지 말고 분자 극대화에 에너지를 집중하는 것이 옳다는 제안이다.

실패수익률의 분자를 크게 만들려면, 우선 실패한 프로젝트를 면밀히 검토해 최대한 많은 통찰을 얻어내야 한다. 이때 핵심은 프로젝트에서 얻은 교훈을 마치 대차대조표처럼 '자산'과 '부채' 항목으로 나눠 분석하는 것이다. '자산'과 관련된 항목은 고객과 시장, 미래 트렌드, 조직의 전략 및 프로세스 등과 관련된다. 해당 프로젝트에서 우리는 고객의 니즈와 시장에 대해 무엇을 배웠는지, 우리가 협업하는 방식에 문제는 없었는지, 또 일하는 방식과 소통 방식, 그리고 리더십이 과연 얼마나 효과적이었는지 등을 질문하며 실패 프로젝트의 교훈을 정리해 '자산' 계정 쪽에 쌓아둘 수 있다. 반대로 '부채' 계정에 쌓아둘 교훈에는 기업의 평판 같은 외부적 비용은 물론, 지나친 관리 노력에 따른 내부적 비용이 포함된다. 예를 들어, 프로젝트 실패로 고객에게 피해가 발생하지는 않았는지, 재료비, 노무비, 생산비 등 직접 비용은 얼마나 들었는지, 또한 팀의 사기가 땅에 떨어지거나 조직 내 불화가 생기지는 않았는지 등을 점검해보면, 프로젝트를 수행하는 데 들어간 유무형의 비용을 가늠해볼 수 있다.

예를 하나 살펴보자.

한 가방 제조 기업 대표는 역량이 뛰어난 젊은 디자이너에게 기존에 없던 새로운 소재의 가방을 만들어보라고 했다. 하지만 프로토타입 제작 결과 고객들은 기존의 가죽 소재 가방을 더 선호하는 것으로 확인됐다. 해당 프로젝트를 담당했던 디자이너는 이 결과를 보고 자신이 실패했다고 생각하고 사표를 냈다.

이 예시에서 회사가 얻은 혜택과 비용이 각각 무엇인지 살펴보자. 먼저 비용은 젊고 유능한 디자이너의 퇴사이다. 보통 여기서 끝난다. 그러다 보니 실패는 곧 비용만 발생시키고 마는 것으로 치부되기 십상이다. 하지만 여기서 얻게 된 혜택을 꼼꼼히 챙겨야 한다. 혜택이 무엇인지 파악하는 것은 디자이너가 퇴사한 이유를 면밀히 살피는 것에서 시작된다. 만약 퇴사의 궁극적 이유가 프로젝트와 관련된 모호한 커뮤니케이션 방식 때문이었음을 깨닫고 '명확한 의사소통 방식과 실험적 문화 장려의 절실함'이라는 교훈을 자산으로 정리했다면 이는 분명 혜택이다. 프로젝트를 시작하며 기업 대표가 생각한 주 목적은 새로운 소재의 가방이 상업적으로 성공할지 여부를

구성원을 자원(resource)으로 인식하는 한,

이들은 그저 관리 대상일 따름이다.

하지만 존재(being)로 인식하면

구성원 하나하나의 고유함이 보이기 시작하고

집단 창의성의 문이 열릴 것이다.

확인하는 것이었지만, 그는 이 부분을 디자이너에게 명확하게 전달하지 못했다. 결국 그 디자이너는 고객들이 새로운 소재로 만든 가방을 외면하자, 자신의 프로젝트가 실패했다고 판단하고 실패를 책임지기 위해 퇴사한 것이다.

이처럼 실패한 프로젝트로 인해 발생한 비용과 거기에서 얻게 된 혜택은 무엇인지, 즉 실패 프로젝트의 부채와 자산이 각각 무엇인지를 면밀히 분석하면 실패수익률이 높아지고, 결국 다음번에 이전보다 더 개선된 결과를 끌어낼 수 있다. 조직은 실패수익률 분석과 더불어 이런 교훈이 그룹이나 부서 간에 잘 공유될 수 있도록 조치하고, 실패에 접근하는 방식도 정기적으로 검토해야 한다.

원칙 7 _ 기술을 넘어 자기다움을 채용하라

안전한 실험실이라는 조직 체질 준비는 채용에서도 결을 맞춰야 한다. 아무리 유능하고 첨단 기술로 무장한 인재를 선발했다 하더라도 능력이 발휘될 수 있는 적합한 조직 역동이 만들어지지 않는다면 의미가 없기 때문이다. 그러자면 이른바 **기술을 넘어 '자기다움'을 채용해야** 한다. 제대로 된 안전한 실험실 조직 체질을 만들기 위해서는 새로 들일 구성원의 직무 기술 유창성을 확인하는 것 이상으로 자기다움 기반의 생산적 조직 역동 가능성을 타진하는 것이 훨씬 중요하다. 조직 역동의 근간이 될 자기다움을 채용하는 방안은 두 가지 관점에서 고민해야 한다. 첫째, 지원자의 자기다움이 조직의 지향점과 어떻게 유기적으로 잘 연결될 수 있을지 살펴야 한다. 둘째, 일을 중심으로 기존 구성원들과 생산적 조직 역동을 만들어갈 수 있을지 여부를 살펴야 한다. 두 기업을 예로 들어 살펴보자.

트레이더조

트레이더조Trader Joe's는 1967년 미국 캘리포니아에서 시작해 현재는 미국 41개 주에서 약 500여 개의 점포를 운영하고 있다. 코로나19 이전까지만 해도 여행 블로그에 넘쳐났던 글 중 하나가 '미국 여행 필수 쇼핑 장소, 트레이더조'였다. 트레이더조는 이미 2019년 유통 빅데이터 전문 기업 던험비Dunnhumby가 7000여 가구를 대상으로 한 유통업체 선호도 조사에서 아마존, 코스트코, 월마트 등의 대형 업체를 제치고 1위를 기록했으며 컨슈머리포트 소비자 만족도 조사에서 유통업체 가운데 최고점을 받았다. 트레이더조는 온라인 쇼핑몰이 없어서 매장에 가야만 물건을 살 수 있다. 계산 한 번 하려면 15분 이상 줄을 서야 하는 건 기본이다. 그런데도 선호도 1위를 놓치지 않는 비결, 고객을 '찐 팬'으로 만드는 비결은 무엇일까?

트레이더조는 아마존이나 코스트코 같은 유통 기업이 중요하게 생각하는 데이터 분석을 하지 않는다. 엄밀히 말하면 하지 못한다. 온라인 쇼핑몰도 없고, 회원 카드도 없고, 포인트나 쿠폰 제도를 운영하지 않아서 고객 데이터를 모을 방법이 없기 때문이다. 이들이 확인할 수 있는 것은 매장에서 고객이 보이는 반응, 그리고 열성적인 팬 고객의 피드백뿐이다. 매장 직원들은 고객의 반응을 가장 잘 확인할 수 있는 곳인 상품 진열대와 시식 코너에서 고객들과 자연스럽게 대화하며 그들의 반응을 살피고 그 반응을 상품 판매에 반영한다. 따라서 트레이더조의 성과는 전적으로 회사의 '전도사' 역할을 하는 매장 직원들 덕분이다. 이들이 트레이더조의 열광적인 충성 고객, 팬덤을 구축했기 때문이다.

일반적인 슈퍼마켓이 고객의 쇼핑을 방해하지 않기 위해 영업시간에는 진열대 정리를 잘 하지 않지만 트레이더조는 반대이다. 직원들은 고객들과 더 많이 마주치고 말을 쉽게 건네기 위해 일부러 고객들이 쇼핑할 때 진열대를 정리한다. 진열대 정리보다 고객과 수다 떠는 일이 더 중요한 목적인 것이다. 그래서 트레이더조는 고객과의 대화를 진정으로 즐길 준비가 되어 있는 직원만 매장에 배치한다. 채용 면접을 할 때 면접관은 지원자에게 지난 이력과 역량 등을 묻는 대신 '얼마나 사람을 좋아하는지' '어떤 대화가 가장 즐거웠는지'(흥미), '대화로 상대방을 도운 경험이 무엇인지'(강점), '타인을 돕기 위해 어떤 활동을 하고 있는지'(지향점) 등을 묻는다. 회사의 필요와 직원의 자기다움(흥미, 강점, 지향점)을 연결하려는 노력이다. 일과 자기다움을 연결하면 직장 분위기에도 좋은 영향을 준다.

트레이더조는 직원의 20퍼센트가 10년 이상 근무한 장기 근속자인데, 이는 소매 업계 종사자 약 60퍼센트가 1년 이내에 전직한다는 것, 아마존의 평균 근무 연수가 1년, 구글은 1.1년이라는 점과 비교하면 놀라운 수치가 아닐 수 없다. 최근 미국에서는 아마존발 오프라인 유통의 종말로 해마다 폐업하는 소매업체가 수천 곳에 이르는데, 이렇게 오프라인 유통이 폐허가 되어가는 와중에도 오히려 트레이더조는 아마존이 할 수 없는 오프라인에서의 고객 경험을 제공해 충성 고객을 확보하며 승승장구하고 있다. 직원이 진정으로 일에 몰입하며 즐길 수 있도록 회사의 일과 직원의 자기다움을 연결하기 때문이다.

홀푸드마켓

미국 텍사스에 본사를 두고 있는 홀푸드마켓Whole Foods Market
은 1980년에 단독 점포로 시작해 오늘날 3개국에 걸쳐 400여
개의 지점을 두고, 직원 수가 6만여 명에 이르는 유기농 식품
전문 유통업체이다. 이 회사는 1992년에 상장했는데, 이후 주
가가 무려 30배 이상 올랐다. 그뿐 아니라 극적인 성장과 함
께 경제전문지 「포천」이 선정하는 '미국에서 가장 일하기 좋은
100대 기업'에 매년 이름을 올리고 있다. 성장의 핵심 원인으
로 홀푸드마켓은 다음 두 가지를 꼽는다. 하나는 **자율적 팀 중
심의 조직 설계**이다. 홀푸드마켓의 각 지점은 청과물, 정육, 조
리식품, 계산대 등 기능별 8~10개 팀으로 구성되어 있다. 팀
위의 상위 관리 조직은 없으며 팀 간 관계는 위계 없이 수평적
이다. 이 팀들은 놀라울 정도의 자율성을 보장받으며 어떤 상
품을 주문할지, 가격을 어떻게 책정할지, 프로모션을 어떻게
펼칠지 등을 고객 반응을 토대로 스스로 결정한다. 이것이 홀
푸드마켓이 지향하는 조직 역동의 모습이다.

이와 연계된 성장의 또 다른 핵심 원인은 **팀 중심 채용**이
다. 자율적인 팀 조직으로 성과를 극대화하기 위해서는 팀에
걸맞은 직원을 팀원들의 의견을 담아 직접 채용하는 것이 옳
다는 취지이다. 신입 직원은 다양한 면접을 포함해 무려 60일

간 채용 과정을 거치는데, 전화 면접부터 지점장과의 일대일 면접과 인사 부서 직원, 관리자, 특별히 선정된 직원들로 구성된 팀과의 패널 면접이 포함된다. 그야말로 식구로 들일 새내기 직원의 자기다움, 즉 흥미, 강점, 지향점을 심도 있게 파악하고 기존 직원들과의 생산적 조직 역동이 가능한지 여부를 확인하기 위한 여정을 펼치는 것이다. 수습 기간이 끝나면 팀의 정규 구성원들이 그 수습 직원을 팀의 정식 일원으로 채용할지 투표하는데, 그들 중 3분의 2 이상에게 찬성표를 얻어야 수습 직원은 정규 직원이 될 수 있다.

홀푸드마켓이 이런 채용 프로세스를 적용하는 이유는 팀원들 스스로가 자신의 자기다움과 이에 기반한 생산적 조직 역동의 맥락에서 팀에 누구를 참여시킬지 가장 잘 판단할 수 있을 뿐만 아니라, 새로운 직원을 받아들일지 여부를 결정할 권리를 받으면서 구성원 모두가 자신들의 업무 성과에 대한 책임감도 느끼게 되기 때문이다.

안전한 실험실이라는 조직 체질을 만들어가기 위한 채용은 이 두 기업의 예시처럼 구성원 개인의 기술 역량의 물리적 합이 아닌 구성원 간 역동이 성과의 핵심임을 인식하는 데에서 출발해야 한다. 조직의 지향점과 공명할 수 있는 자기다움의 요소가 있을지 조직과 지원자가 모두 타진해보는 장면이 채용 프로세스의 핵심이 되어야 하는 이유이다. 그러려면 리더들은 기존 구성원 A, B, C 각각의 자기다움을 헤아리고 이것들이 어떻게 일을 통해 생산적으로 융합되는지를 파악하고 있어야 한다. 그래야 거기에 D를 투입해야 할지, E를 채용해야 할지에 대한 기준이 바로 선다.

원칙 8 _ 아웃풋이 아니라 아웃컴에 집중하라

아웃풋Output과 아웃컴Outcome은 우리가 흔히 업무 목표나 성과 목표, 실적 등으로 혼용해 쓰는 용어이다. 우리말로 이 둘을 좀 더 명확히 구분하면 아웃풋은 '산출물', 아웃컴은 '결과물'이다. 산출물과 결과물, 이 둘의 차이가 뭐 그리 중요할까 생각할만도 한데, 이 두 가지를 개념적으로 명확히 구분해야 안전한 실험실 체질을 만드는 데서 큰 차이를 만들어낼 수 있다.

아웃풋은 언급한 대로 산출물이다. 인풋Input, 즉 투입을 해서 산출을 낸다는 뜻이다. 내일까지 보고서를 완료하라는 지시를 받았다면 제출 시점까지 투입할 업무 시간은 인풋이고 보고서가 아웃풋이 된다. 어느 기업이 교육 예산으로 20억 원을 편성했다면 그 금액은 인풋이고 교육생 수나 일인당 평균 교육 시간, 교육 프로그램 수 등이 아웃풋이다.

많은 조직이 이 아웃풋에 따라 성과를 평가한다. 지시한 대로 다음 날까지 보고서가 나왔는지, 교육 예산 범위 안에서 설정한 산출물을 달성했는지 보는 것이다. 이처럼 우리는 아웃풋이 바로 성과라는 생각에 익숙하다. 하지만 아웃풋에 의존하면 조직에 치명적 위험을 몰고 올 수 있다. 예를 들어 생각해보자.

당신은 한 비영리단체에서 아프리카 지역 담당자로 활동하고 있다. 그런데 아프리카 한 지역의 주민들이 물을 확보하기 위해 너무 많은 시간을 들여야 한다는 사실을 확인했다. 가족이 마시고 씻을 물을 얻으려면 이들은 멀리 떨어진 강까지 가서 물을 길어 와야 했다. 모든 가족이 동원되어 집과 강을 수차례 왕복하느라 매일 여섯 시간 정도를 소비한다. 그러다 보니 생업이나 학교 공부에 쓸 시간을 희생할 수밖에 없었고, 결국 지역의 빈곤과 문맹률이 개선되지 않았다. 그래서 당신이 속한 비영리단체는 이 지역 다섯 개 마을 주민들을 위해 한 달 안에 열 개의 우물을 짓기로 결정했다. 그러면 인풋은 필요한 비용과 시간일 테고, 아웃풋은 우물 열 개가 된다. 한 달 안에 우물 열 개를 다 판다면 목표는 100퍼센트 달성되는 것이다. 아웃풋을 성과로 인식할 때 목표는 그렇다.

여기서 한 가지 짚어볼 점이 있다. 애초에 우물은 왜 파기로 했는가? 우물을 만들려는 이유는 무엇이었나? 주민들이 물을 얻는 데 들이는 시간을 단축하기 위해, 그렇게 해서 이들이 시간을 다른 곳에 써서 삶의 질을 높일 수 있도록 돕기 위해서였다. 그렇다면 우물 공사를 마친 후에 원래 취지를 잘 살렸는지 확인해보아야 옳지 않을까? 그런데 확인해보니 오히려 결과는 이 취지와 멀어졌다. 지하수를 찾으려다 보니 우물 위치가 거주 지역에서 점점 멀어졌고 결국 강과 가까워진 것이다. 그나마 거주 지역에서 비교적 가까운 우물도 특정 한두 개 마을에 치우치는 바람에 다른 마을들은 그 우물을 편리하게 이용하기가 어려웠다. 남의 마을 앞에서 물을 긷다가 괜히 분란만 생길 수 있으니 그냥 지금껏 해오던 대로 강으로 가기를 선택한 것이다. 결국 이 단체는 프로젝트를 시작한 이유, 즉 주민이 물을 긷는 데 드는 시간을 줄여주자는 목표에는 크게 못 미친 결과를 얻고 말았다. 아웃풋은 냈지만 본래 계획한 아웃컴은 얻지 못했다.

이 사례에서 보듯, 아웃풋과 아웃컴은 서로 다른 개념이다. 아웃풋은 작업의 산물이지만 아웃컴은 **산물이 창출한 가치까지 내포**한다는 점이 핵심적 차이이다. 다음 날까지 완성한 보고서는 엄연한 실물이다. 하지만 그 안에 관련 정보가 충분히 담기지 않아 의사결정에 도움을 주지 못했다면 아웃컴으로서는 불합격인 것이다.

아웃풋에 기반한 평가에는 예정된 산출물이 나왔는가 아닌가라는 이분법이 적용된다. 하지만 아웃컴에 기반한 평가는 고객 또는 사용자에게 가치를 제공했는가가 기준이 된다. 예정된 아웃풋이 나왔어도 원하던 가치를 창출하지 못했다면 최종적으로는 실패이다.

아웃컴에 기반한 성과 인식은 아웃풋에 기반한 성과 인식에 비해 몇 가지 점에서 안전한 실험실로 조직의 체질을 구축하는 데 더 도움이 된다. 첫째, 가치 추구라는 기본 개념상 태생적으로 시장 지향적이기 때문에 조직이 자칫 내부 논리와 관례, 과거 성공 방정식, 위계 구조와 수직적 관계 때문에 경직되지 않게 해준다. 반대로 아웃풋에 기반한 성과 인식은 구체적이고 정량화된 산출물에 바탕을 두기 때문에 대규모 통제를 수월하게 만들고, 그에 따른 효율을 추구하도록 한다. 이렇다 보니 일의 의미와 가치는 주로 리더들만의 영역으로 제한되고 구성원들과는 분절적으로 설정된 개별 아웃풋을 달성했는지 여부를 중심으로 소통한다. 효율은 얻되 효과는 놓치고 만다. 일의 본질적 가치를 명확히 이해하지 못한 구성원들은 결과물 도출에 몰입하지 못하고 산출물을 최소 요건으로 해내는 상태가 되기 쉽다. 리더들 또한 아웃풋 기반의 성과 관리가 주는 편리함과 효율을 외면하기 어렵기 때문에 이를 쉽게 내려놓지 못한다. 결국 이는 리더들의 과거 성공이 중심이 되는 소위 '라떼 문화'와 상명하복의 경직된 조직을 만듦으로써 시장과 고객의 변화를 제때, 제대로 포착하지 못하게 만든다.

그러나 아웃컴에 기반한 성과 인식은 구성원 모두가 조직이 지향하는 가치 창출에 대해 확실히 이해하도록 만든다. 즉, 밸류체인Value Chain(가치사슬) 내 모든 구성원이 고하를 막론하고 이 일을 왜 해야 하는지를 명확히 이해하고 있는 것이다. 그래서 조직 내 정보가 수직적으로는 물론 수평적으로도 고이지 않고 흐르게 되며, 조직원이 단지 열심히 일하는 수준에 그치지 않고 제대로 일하기 위해 자발적이고 주체적인 노력을 하게끔 유도한다.

둘째, 아웃풋에 기반한 성과 인식은 조직을 한 방향으로 정렬시킨다. 어떤 아웃컴을 낼지가 업무의 핵심이 되면서 구성원 모두가 일의 의미와 가치를 일상적으로 상기하기에 구성원의 시야가 소속된 부문이나 단위 조직으로 좁혀지지 않고 조직 전체의 가치 창출 차원에서 자신의 일을 바라볼 수 있게 된다. 덕분에 조직 내 각 기능과 부문은 단절되지 않고 한 방향으로 정렬된다. 반면 아웃풋에 기반한 성과 인식은 산출물을 중심으로 조직을 관리하기 때문에 단위 조직별로 무엇을 하는지가 한눈에 들어온다. 관리의 효율과 편리함이 여기에서 나온다. 그렇다 보니 단위 조직별로 제각기 자신의 존재감과 기여도를 상부에 어필하려고 노력하게 된다. 자신의 아웃풋이 타부문과 어떻게 유기적으로 연결되고 연계되어 최종 가치 창출에 얼마만큼 기여하게 되는지보다는 자신에게 할당된 아웃풋을 눈에 띄게 달성하는 데에만 급급하게 되는 것이다. 사내 부문 간 불필요한 경쟁, 알력, 정치 등이 생겨나고, 사일로 현상을 부추기게 된다.

셋째, 아웃컴에 기반한 성과 인식은 조직에 민첩함을 제공한다. 민첩함은 속도와 유연함이 함께 있을 때 얻을 수 있다. 아웃풋 기반의 성과 인식은 위계를 통해 관리의 효율을 높여 조직을 일사불란하게 보이도록 할 수 있다. 하지만 일사불란함이 민첩한 조직을 의미하는 것은 아니다. 상명하복의 위계로 만들어진 일사불란함은 결국 조직의 경직성을 높이기 때문이다. 게다가 경직성은 상황 변화에 따른 조직의 유연함을 손상시킨다. 조직이 민첩해지려면 구성원 모두가 일의 의미, 업무의 가치, 즉 '왜Why'를 알아야 한다. 그래야 조직원이 주체적이고 자발적으로 몰입하고 상황 변화에 따라 유연하게 대응할 수 있다.

그런데 아웃풋은 Why가 아니라 What, '무엇'이다. 우물 열

개를 파야 일이 끝난다고 인식하는 구성원은 상황이 바뀌었을 때도 맹목적으로 계속 우물을 파거나 아니면 아무 생각 없이 그저 중단해버리거나, 이 두 가지 외에는 다른 선택지를 떠올리지 못한다. 왜 우물을 파야 하는지 명확히 인식할 때 구성원은 상황 변화에 따라 창조적 유연성을 발휘할 수 있다. Why를 명확히 인식하고 있다면 구성원은 상황이 변하더라도 이 Why를 충족시키는 결과물을 내기 위해 유연함을 발휘해서 발 빠르게 시도를 거듭할 것이기 때문이다. 이것이 우리가 말하는 민첩함이다. 아웃컴에 기반한 성과 인식의 최대 수혜는 모든 조직의 로망이라 할 수 있는 바로 이 민첩함으로 연결된다.

시장 지향성, 의미 중심의 한 방향 정렬, why 기반의 민첩함, 모두 안전한 실험실 체질을 대변하는 키워드이다. '무엇을 했는가'보다 '무엇에 기여했는가'가 구성원이 집중할 때 나올 수 있는 참모습이다.

> 조직은 앞으로도 계속 유효할까? 구성원 간의 시너지가 극대화되고 조직의 탁월함이 유지된다면 아마도 그럴 것이다. 그러기 위해 이제 조직은 안전한 실험실이 되어야 한다. 다양성이 가져다주는 집단 지성의 수혜는 최대화하고 복잡성은 생산적으로 포용해야 한다. 구성원 개개인은 자

기다움을 일과 연결해서 실험과 탐색을 일상화하고 심리적 안전감을 유지하며 실패 속에서 교훈과 메시지를 찾아낸 다음 다시 도전하는 방식으로 일해야 한다. 구성원이 조직의 성과를 달성하는 데 필요한 자원Resource이라는 생각에서 벗어나 존중받아 마땅한 존재Being라고 여기는 인식의 대전환이 필요하다. 구성원을 자원으로 인식하는 한, 이들은 그저 관리 대상일 따름이다. 하지만 구성원을 존재로 인식하면 구성원 하나하나의 고유함이 보이기 시작하고 집단 창의성의 문이 열릴 것이다.

가장 개인적이기에
가장 폭발적으로 성장하는 조직

"가장 개인적인 것이 가장 창의적인 것이다." 영화계의 세계적 명장인 마틴 스코세이지 감독이 했던 말인데, 아카데미 시상식에서 봉준호 감독이 감독상을 수상하며 언급해서 유명해졌다. 가장 개인적인 이야기는 오직 자신만의 것이기에 독특하고 의미가 있다. 그래서 이런 이야기에는 막강한 힘이 있다. 현실의 속살을 드러내는 통계 수치에도, 듣기만 해도 준엄한 추상적 가치에도 힘이 담겨 있지만, 결국 사람들의 마음을 움직이는 것은 개인적인 이야기이다. 전 세계 인구 중 3분의 1이 굶주리고 있다는 통계가 나와도, 평등과 박애라는 가치와 마주쳐도 꿈쩍 않던 사람들이 어느 가난한 아이의 살아가는 이야기를 듣게 되면 기꺼이 지갑을 연다. 여러분의 조직도 이런 이야기의 힘을 지니고 있는가?

다음 두 문장은 업종이 다른 두 기업이 웹사이트에 올려놓은 조직의 목표이다.

A: 창의적 사고와 끝없는 도전을 통해 새로운 미래를 창조함으로써 인류 사회의 꿈을 실현하는 것

B: 인재와 기술을 바탕으로 최고의 제품과 서비스를 창출하여 인류 사회에 공헌하는 것

전혀 다른 업종이라는 사실이 무색할 정도로 두 기업의 목표는 서로 바꿔도 될 만큼 유사하다. 과연 두 기업에 다니는 구성원들은 둘 중 어느 것이 자신이 소속된 조직의 목표인지 알아볼 수 있을까? 자신이 조직에서 처리하는 일과 이 목표가 하나로 연결되어 있다고 느낄 수 있을까? 또한 이 기업에 지원하고자 하는 사람은 A 목표가 아닌 B 목표에, 혹은 B 목표가 아닌 A 목표에 자신의 직업 인생을 걸어야겠다고 다짐할 수 있을까? A와 B, 이 두 목표는 한 기업과 다른 기업을 구분해주지 못한다는 점에서 충분히 '개인적'이지 않고, 구성원의 가슴을

뛰게 만들 힘도 없다.

경영자와 리더들의 핵심 책무 중 하나는 조직이 추구하는 궁극의 목표와 각 구성원의 업무가 서로 동떨어지지 않도록 둘 사이에 다리를 놓는 것이다. 하지만 그 전에 조직의 리더는 단지 듣기 좋은 겉치레로서가 아닌 목표, 충분히 개인적인 언어로 이야기될 수 있기에 다른 조직과 구분될 수 있는 목표를 제시해야 한다.

조직의 목표를 구성원과 공유하려는 열의가 컸던 사람 중 하나가 스티브 잡스이다. 특히 자신이 세운 회사인 애플에서 쫓겨났다가 복귀한 뒤로 잡스는 애플의 정체성을 밝히는 일, 즉 애플이라는 기업의 '가장 개인적인' 이야기를 전달하는 일에 많은 힘을 쏟았다. 그렇게 해서 나온 슬로건이 바로 문법을 파괴하면서까지 만들어낸 "Think different"이다. 다른 방식으로 생각하라는 뜻의 "Think differently"가 아니라 다른 것을 생각하라는 의미의 "Think different"가 애플이 추구하는 핵심 가치라는 것이다. 알베르트 아인슈타인, 마하트마 간디, 파블로 피카소 등 세상을 바꾼 사람들을 보여주며 미친 자들을 위해 잔을 들자는 문구로 시작하는 이 광고는 세상을 바꿀 수 있다고 믿을 만큼 미친 자들이 실제로 세상을 바꾼다는 말로 끝난다. 이것이 바로 세상에 전달하고 싶은 애플의, 애플만의 이야기이다.

이런저런 자리에서 잡스가 제시한 애플의 목표는 '혼을 빼놓을 만큼 훌륭한insanely great 제품을 만들어서 사람들의 삶의 방식life style을 바꾸고 우주에 흔적을 남기는 것put a ding in the universe'으로 요약할 수 있다. 잡스는 무례하고 독선적인 사람이었지만 애플의 목표에 공감하는 사람들은 기꺼이 그 목표에 동참했고, 결국 스마트폰이라는 세상에 없던 제품을 내놓으면서 사람들의 삶의 방식을 영구히 바꿨다.

조직과 구성원이 함께 성장하기 위해서는 두 주체가 의미를 공감하는 일이 중요하다. 조직의 의미와 구성원의 의미가 공명할 때 자신을 위해 일하는 것이 곧 조직을 위해 일하는 것이 되고, 조직을 위해 일하는 것이 곧 자신을 위해 일하는 것이 되기 때문이다. 돈으로 사람을 유혹할 수도 있고, 힘으로 사람을 부릴 수도 있다. 하지만 이런 식으로 끌어낸 동기는 자신에게 의미 있는 목표를 실현하고자 하는 동기를 따라가지 못한다. 리더의 역할은 바로 이 동기를 조직의 동력으로 활용하는 데 있다. 단순히 직무에 필요한 지식과 기술의 보유자를 채용해서 업스킬링Up-Skilling(기존 기술에 대한 역량 강화), 리스킬링Re-Skilling(신기술에 대한 역량 강화)으로 관리하는 데 그치지 않고, 조직과 구성원이 함께 추구하는 목표의 의미를 '자기 의미화'할 수 있도록 도와야 한다. 그리고 일터에서 목표로 향하는 여정 속 이야기를 마음껏 만들어가도록 지원해야 한다. 그래야 조직과 구성원이 함께 원하는 방향으로 공명하며 성장할수 있다.

'왜 내가 이 일을 해야 하는가?' 일의 의미를 묻는 이 질문에 명확한 자신만의 답변을 찾아내면 우리는 일의 주인이 되고, 책임감 있게 도전을 주도한다. 하지만 조직과 리더가 제시한 답을 수동적으로 받아들이기만 해야 한다면 우리는 그 일에 영혼을 담기 어렵다. 주도한 일이 실패하면 거기에서 교훈을 찾지만 시킨 일을 망치면 주변 탓으로 돌리는 것이 우리의 자화상임을 잊지 말아야 한다.

조직 문화 운동가 베르나 마이어스Vernā Myers는 "파티에 초대받는 것이 다양성이라면, 함께 춤을 추겠냐고 요청을 받는 것이 포용이다."라고 말했다. 파티에 초대해놓고 내내 혼자 서

먹하게 내버려둔다면 초대하지 아니함만 못한 게 아닐까? 우리는 고민에 고민을 거듭한 끝에 구성원들을 최종 선발한다. 고해상도로 지원자들을 들여다보고 또 들여다본다. 그런데 정말 이상하게도 일단 뽑고 나면 저해상도로 구성원을 바라보기 시작한다. 함께 의미 있는 이야기를 써가자며 파티에 초대해 놓고 정작 파티장에서는 춤을 추자고 제안하지 않는다. 존중받는 느낌이 들까? '여긴 어디, 나는 누구'라며 좌절감을 맛보지 않을까? 혹시 우리 조직이 이러고 있는 것은 아닐는지?

"아는 만큼 보이고 보이는 만큼 통한다." 대부분 공감하는 말이다. 그렇다면 우리는 구성원들을 얼마나 제대로 알고 있는가? 고해상도로 구성원의 자기다움을 확인하고, 어렵지만 이것이 일터의 동력으로 작용하도록 기회를 만들려는 리더의 모습은 그 자체만으로 구성원들에게 존중받는 느낌을 선사할 것이다. 존중받는 구성원들이 자신의 가치를 알아주는 일터에서 어떤 이야기를 써 나갈지 상상해보자. 벅찬 조직의 역동이 그려지지 않는가!

참고 문헌

이 책의 내용은 박정열과 박선웅 두 저자가 『동아비즈니스리뷰DBR』『월간 인사관리』『월간 인재경영』『월간HRD』『원티드 HR인살롱』 등에 기고한 글을 바탕으로 수정·보완한 것입니다.

서장

(31쪽) Dan P. McAdams, "What do we know when we know a person?", *Journal of Personality*, 63, 365-396, 1995.

(34쪽) Murray R. Barrick, and Michael K. Mount, "The big five personality dimensions and job performance: A meta-analysis", *Personnel Psychology*, 44, 1-26, 1991.

(34쪽) Toshiki Fukuzaki, and Noboru Iwata, "Association between the five-factor model of personality and work engagement: A meta-analysis", *Industrial Health*, 60, 154-163, 2021.

(35쪽) Timothy A. Judge, Daniel Heller, and Michael K. Mount, "Five-factor model of personality and job satisfaction: A meta-analysis", *Journal of Applied Psychology*, 87, 530-541, 2002.

(36쪽) Triana, Maria Del Carmen, Kwanghyun Kim, Seo-Young Byun, Dora María Delgado, Winfred Arthur Jr., "The relationship between team deep-level diversity and team performance: A meta-analysis of the main effect, moderators, and mediating mechanisms", *Journal of Management Studies*, 58, 2137-2179, 2021.

(36쪽) 박수연, 임예지, 이준배, 이승민, 박선웅, 「가치 일치와 직무 관련 변인 간의 관

계: 정체성 융합의 매개효과」, 『한국심리학회지: 사회 및 성격』, 2023.

(38쪽) 박선웅, 『정체성의 심리학: 온전한 나로 살기 위한』, 21세기북스, 2020.

(40쪽) Daniel M. Cable, Francesca Gino, and Bradley R. Staats, "Breaking them in or eliciting their best? Reframing socialization around newcomers' authentic self-expression", *Administrative Science Quarterly*, 58, 1-36, 2013.

(41쪽) Herminia Ibarra, and Roxana Barbulescu, "Identity as narrative: Prevalence, effectiveness, and consequences of narrative identity work in macro work role transitions", *Academy of Management Review*, 35, 135-154, 2010.

(43쪽) Boas Shamir, and Galit Eilam, ""What's your story?" A life-stories approach to authentic leadership development", *The Leadership Quarterly*, 16, 395-417, 2005.

(43쪽) 「내리막길 걷던 마이크로소프트를 일으킨 하나의 철학」, 『시사인』 771호, 2022.

(47쪽) 박정열, 「연봉과 지위만 보고 이직을 계획하고 있나요?」, 세바시 강연, 1205회, 2020년 7월. https://youtu.be/INZJINb7c9k?si=T4S9sRhedYH6S6 EG.

1부

(51쪽) Stan Davis, and Christopher Meyer, *Blur: The Speed of Change in the Connected Economy*, Addison-Wesley, 1998.

(52쪽) "Which Payment Methods Have US Digital Buyers Used to Make Digital Purchases?(% of respondents)", *EMARKETER4*, Feb-Dec, 2023.

(55쪽) Beau Lotto, *Deviate: The Science of Seeing Differently*, Hachette Books, 2017.

(58쪽) Douglas McGregor, *The Human side of Enterprise*, McGraw Hill, 1960.

(65쪽) "State of the Global Workplace 2022 Report: The Voice of the World's Employees", *Gallup*. https://lts-resource-page.s3.us-west-2. amazonaws.com/2022-engagement.pdf.

(65쪽) "Employee Burnout: Causes and Cures", *Gallup*, 2019.

(65쪽) 짐 클리프턴, 짐 하터, 고현숙 옮김, 『강점으로 이끌어라』, 김영사, 2020.

(67쪽) Maslow H. Abraham, *Maslow on Management*, Kaplan, 1998.

(69쪽) Dan Ariely, Uri Gneezy, George Loewenstein, and Nina Mazar, "Large stakes and big mistakes". *The Review of Economic Studies*, 76, 451-469, 2009.

(69쪽) Sanjiv Erat, and Uri Gneezy, "Incentives for creativity", Experimental Economics, 19, 269-280, 2016.

(71쪽) Rrichard. M. Ryan, and Edward L. Deci, *Self-determination theory: Basic psychological needs in motivation, development, and wellness*, Guilford publications, 2017.

(74쪽) Michael Bulmer, and Francis Galton, "Pioneer of Heredity and Biometry", *The Johns Hopkins University Press*, p. 357, 2003.

(75쪽) 토드 로즈, 정미나 옮김, 이우일 감수, 『평균의 종말』, 21세기북스, 2018.

(79쪽) Eric M. Anicich, Roderick I. Swaab, and Adam D. Galinsky, "Hierarchical cultural values predict success and mortality in high-stakes teams", *PNAS*, January 20, 112(5), 1338-1343, 2015.

(81쪽) Joseph Henrich, and Michael Muthukrishna, "Innovation in the Collective Brain", *Philosophical Transaction of the Royal Society*, 19th. March, 2006.

(83쪽) 이성봉, 「코스트코 성장의 비밀」, 『포브스코리아』, 2022년 05월, 172호.

(84쪽) Deborah Norvile, *The Power of Respect*. Thomas Nelson, Inc., 2009.

2부

(94쪽) Christopher J. Bryan, Gregory M. Walton, Todd Rogers, and Carol S. Dweck, "Motivating voter turnout by invoking the self", *Proceedings of the National Academy of Sciences*, 108, 12653-12656, 2011.

(94쪽) Christopher J Bryan, Gabrielle S Adams, and Benoît Monin, "When cheating would make you a cheater: implicating the self prevents unethical behavior", *Journal of Experimental Psychology*, General 142, 1001-1005, 2013.

(99쪽) Adam Grant, "How customers can rally your troops: End users can energize your workforce far better than your managers can", *Harvard Business Review*, June, 97-103, 2011.

(101쪽) Adam M. Grant, Justin M. Berg, and Daniel M. Cable, "Job titles as identity badges: How self-reflective titles can reduce emotional exhaustion", *Academy of Management Journal* 57, 1201-1225, 2014.

(102쪽) 「유튜브, 카톡 제치고 '국민 앱' 등극… "국내 사용자수 1위"」, 『전자신문』, 2024년 2월 5일.

(102쪽) 라즐로 복, 이경식 옮김, 유정식 감수, 『구글의 아침은 자유가 시작된다』, 알에 이치코리아, 2021.

(103쪽) 「'샌드위치 아티스트', '캐스트 멤버' 등 호칭 바꿨을 뿐인데 확 달라진 직원들」, 『매일경제』, 2019년 7월 31일.

(107쪽) 「밀레니얼 세대 미 고용시장 주요변수 떠오른 이유」, 『글로벌이코노믹』, 2022년 4월 22일.

(108쪽) 「대퇴사 시대'… 직장내 행복도 높이는 건 워라밸 아닌 '이것'」, 『사례뉴스』, 2022년 4월 13일.

(110쪽) 박수연, 임예지, 이준배, 이승민, 박선웅, 「가치 일치와 직무 관련 변인 간의 관계: 정체성 융합의 매개효과」, 『한국심리학회지: 사회 및 성격』, 2023.

(116쪽) Jennifer J. Deal, and Alec Levenson, *What Millennials Want from Work: How to Maximize Engagement in Today's Workforce*, McGraw-Hill Education, 2016.

(117쪽) Dan Feldman, "Inspiring the Next Generation Workforce: The 2014 Millennial Impact Report", *Achieve Guidance*, 2017.

(120쪽) Laura Morgan Roberts, Jane E. Dutton, Gretchen M. Spreitzer, and Emily Heaphy, "Composing the Reflected Best-Self Portrait: Building Pathways for Becoming Extraordinary in Work Organization", *Academy of Management Review*, 30, 712-736, 2005.

(124쪽) 박정열, 김주원, 조해리, 「HMG가 게임체인저가 되도록 하는 구성원 개인 변화 메커니즘 연구」, 현대자동차그룹, 2020(미출간).

(136쪽) 안성은, 『드디어 팔리기 시작했다』, 더퀘스트, 2019.

(136쪽) 알 리스, 잭 트라우트, 이수정 옮김, 정지혜 감수, 『마케팅 불변의 법칙』, 비즈니스맵, 2008.

(137쪽) 데릭 톰슨, 이은주 옮김, 송원섭 감수, 『히트 메이커스』, 21세기북스, 2021.

(137쪽) 제러미 리프킨, 이경남 옮김, 『공감의 시대』, 민음사, 2010.

(142쪽) Michele J. Gelfand, et al., "Differences Between Tight and Loose Cultures: a 33-Nation Study", *Science*, 332, 1100, 2011.

(143쪽) 박정열, 『휴탈리티: 미래 인재의 조건』, 저녁달, 2023.

3부

(155쪽) Mihaly Csikszentmihalyi, "Good Business", *Goldenbough*, 2006.

(157쪽) David J. Snowden, and Mary E. Boone, "A Leader's Framework for Decision Making", *Harvard Business Review*, November 2007.

(162쪽) Teresa M. Amabile, and Steven J. Kramer, *The Progress Principle*, Harvard Business Review Press, 2011.

(164쪽) Jennifer Mueller, Shimul Melwani, and Jack A. Goncalo, "The bias against creativity: Why people desire but reject creative ideas", *Psychological science*, 23 (1), 13-17, 2012.

(167쪽) Gary Hamel, "First, Let's Fire All the Managers", *Harvard Business Review*, December, 2011.

(172쪽) 박정열, 『휴탈리티: 미래 인재의 조건』 저녁달, 2023.

(179쪽) 「'공중 폭발' 스페이스X 우주선…머스크 "많이 배웠다"」, 『국민일보』, 2023년 4월 20일.

(189쪽) Ranjay Gulati, "The Great Resignation or the Great Rethink?", *Harvard Business Review*, May, 2022.

(192쪽) Rajesh Sethi, Daniel C. Smith, and C. Whan Park, "Cross-Functional Product Development Teams, Creativity, and the Innovativeness of New Consumer Products," *Journal of Marketing Research*, 38(1), 73-85, 2001.

(192쪽) 박정열, 「리더여, 이제 CMO(Chief Meaning Officer)가 되라」, 『동아비즈니스리뷰』 324호, 2021년 7월호 Issue 1.

(192쪽) 매슈 사이드, 문직섭 옮김, 『다이버시티 파워』, 위즈덤하우스, 2022.

(193쪽) 최진남, 「다양성, 무조건 좋은 건 아니다. 꾸준한 관찰과 조정이 성공 열쇠」, 『동아비즈니스리뷰』, 114호, Issue 1.

(194쪽) Amy C. Edmonson, Henrik Bresman, "Research: To Excel, Diverse Teams Need Psychological Safety", *Harvard Business Review*, May 2022.

(196쪽) Roderick I. Swaab, Michael Schaerer, Eric M. Anicich, Richard Ronay, and Adam D. Galinsky, "The Too-Much-Talent Effect Team Interdependence Determines When More Talent Is Too Much or Not Enough", *Psychological Science*, 25(8), 2014.

(198쪽) 메러디스 벨빈, 김태훈 옮김, 『팀이란 무엇인가』, 라이프맵, 2012.

(203쪽) Tiziana Casciaro, and Miguel Sousa Lobo, "Competent Jerks, Lovable Fools and Formation of Social networks", *Harvard Business Review*,

June, 2005.

(205쪽) 임예지, 윤가영, 김혜민, 박선웅, 「기성세대의 권위주의와 MZ세대에 대한 부정적 태도」, 『사회과학연구』 62(3), 105-127, 2023.

(208쪽) Julian Birkinshaw, and Martine Haas, "Increase Your Return on Failure", *Harvard Business Review*, May 2016.

(213쪽) 박정열, 「리더여, 이제 CMO(Chief Meaning Officer)가 되라」, 『동아비즈니스리뷰』 324호, 2021년 7월호 Issue 1.

(217쪽) 게리 해멀, 빌 브린, 권영설, 신희철, 김종식 옮김, 『경영의 미래』, 세종서적, 2009.

자기다움 리더십

초판 1쇄 인쇄 2025년 4월 14일
초판 1쇄 발행 2025년 5월 1일

지은이 박정열·박선웅
펴낸이 유정연

이사 김귀분
책임편집 유리슬아 **기획편집** 신성식 조현주 서옥수 황서연 정유진 **디자인** 안수진 기경란
마케팅 반지영 박중혁 하유정 **제작** 임정호 **경영지원** 박소영

펴낸곳 흐름출판(주) **출판등록** 제313-2003-199호(2003년 5월 28일)
주소 서울시 마포구 월드컵북로5길 48-9(서교동)
전화 (02)325-4944 **팩스** (02)325-4945 **이메일** book@hbooks.co.kr
홈페이지 http://www.hbooks.co.kr **블로그** blog.naver.com/nextwave7
출력·인쇄·제본 (주)상지사 **용지** 월드페이퍼(주) **후가공** (주)이지앤비(특허 제10-1081185호)

ISBN 978-89-6596-713-2 03320